Das Buch

Dieses Buch bietet keine sensationellen Haftmemoiren – aber sein Autor weiß, wovon er spricht: Über zehn Jahre in Untersuchungs- und Strafhaft erlebte Werner Scheu den deutschen Strafvollzug von innen. Noch in der Haft befaßte er sich intensiv mit dem Verhalten der Strafgefangenen und kam nicht selten zu ganz anderen Ergebnissen als die soziologische und kriminologische Forschung. Als betroffener Beobachter – nicht als »betriebsfremder« Interviewer – hatte er wie kaum ein anderer Einblick in die psychische Verfassung von Strafgefangenen, die der Reform des deutschen Strafvollzugs den Spiegel der realen Praxis entgegenhält. Wer »draußen« ist, sollte sich mit dem »Drinnen« befassen, um das umstrittene Thema der Resozialisierung – ein sozialpolitisches Problem erster Ordnung, das bis heute von einer Lösung weit entfernt ist – wirklich beurteilen zu können. Professor Schüler-Springorum, einer der führenden Kriminologen der Bundesrepublik, begründet im Vorwort die Bedeutung dieses ungewöhnlichen Dokuments aus dem deutschen Strafvollzug.

Der Autor

Werner Scheu, 1908 in Ostpreußen geboren, arbeitete nach dem Medizinstudium als Arzt in verschiedenen Krankenhäusern, ehe er zum Wehrdienst eingezogen wurde. Nach dem Krieg wegen Kriegsverbrechen zu lebenslanger Haft verurteilt, wurde er 1972 begnadigt. Er war dann bis 1979 als Psychologe tätig, seither im Ruhestand.

Werner Scheu:

In Haft

Zum Verhalten deutscher Strafgefangener

Vorwort von Horst Schüler-Springorum

Deutscher
Taschenbuch
Verlag

Ungekürzte Ausgabe
September 1983
Deutscher Taschenbuch Verlag GmbH & Co. KG,
München

unter dem Titel: ›Verhaltensweisen deutscher
Strafgefangener heute. Beobachtungen und Gedanken‹
ISBN 3-509-00531-7
Umschlaggestaltung: Celestino Piatti
Gesamtherstellung: C. H. Beck'sche Buchdruckerei,
Nördlingen
Printed in Germany · ISBN 3-423-10163-6

Inhalt

Mein ganz besonderer Dank gilt Herrn Regierungsdirektor H. *Bernhardi,* dem Vorstand der Straf- und Sicherungsanstalt Celle, der die Anregung zu dieser Arbeit gab und sie in jeder Hinsicht gefördert hat.

Celle, August 1970 Werner Scheu

Vorwort

Auf den nachfolgenden Seiten präsentiert sich dem Leser ein Selbstzeugnis aus dem Vollzug. Schon dies, daß es sich um ein Stück Innenansicht aus dem Gefängnis handelt, löst besondere Anreize zur Lektüre aus. Zwar herrscht an Informationen über Vollzugsverhältnisse nicht gerade Mangel, seitdem die Massenmedien das Thema entdeckten. Ein Selbstzeugnis aber verspricht Aufschluß darüber, wie es »wirklich« aussieht hinter Schloß und Riegel; zu Recht?

Die Aussagekraft von Literatur dieser Art ist umstritten. Das mag auf den ersten Blick verwundern. Denn wer kann besser wissen, was die Realität des Strafvollzugs bedeutet, als einer, der sie an Leib und Seele selbst erfährt oder erfahren hat? Muß sein Zeugnis nicht allem überlegen sein, was Sozialforscher, die sich dem Thema von außen nähern, zutage fördern können? Interessanterweise ergibt sich die wirkliche Konkurrenz aber gar nicht zwischen Selbst- und Fremdberichten, sondern zwischen den wenigen Selbstberichten, die es gibt, und den vielen nicht geschriebenen – den Nicht-Berichten. Das heißt, man fragt, inwieweit ein Gefangener, der sein Erleben niederschreibt, damit wirklich genau das einfängt, was auch diejenigen erleben, denen zu solcher Entäußerung entweder die Gelegenheit oder der Wunsch oder die Fähigkeit fehlt.

Über diese Frage der Repräsentativität von »Knastmemoiren«, wie der Autor sie in seiner Einführung nennt, läßt sich in der Tat gut streiten. Nur scheint mir, daß der Streit den Inhalt dieses Bandes kaum berühren kann. Denn erstens schreibt Scheu über solche Bereiche strafgerichtlichen Freiheitsentzugs, die sich der von außen ansetzenden sozialwissenschaftlichen Erfassung weitgehend entziehen dürften: über die Begleitumstände und die Auswirkungen von Untersuchungshaft und von langjähriger Strafgefangenschaft.

Zweitens schreibt er aufgrund einer fachlichen Vorbildung und persönlichen Beobachtungsgabe, die für das Zustandekommen eines solchen Berichts eine Art Glücksfall darstellen. Sehr viel näher wird man an die hier beschriebene Realität also kaum herankommen können.

Ein anderer Einwand könnte sich gegen die Aktualität des Buches richten: Gilt das, was der Autor – damals »Zuchthäusler« noch – für die sechziger und frühen siebziger Jahre bezeugt, denn auch heute? Immerhin trat inzwischen (1977) ein Strafvollzugsgesetz in Kraft, das wesentlich ein Reform-Gesetz sein sollte; mancherorts wird sogar mit der Verabschiedung dieses Gesetzes die seit langem überfällige Strafvollzugsreform für abgeschlossen erachtet. Das könnte zur Folge haben, daß Scheu zwar die Realität seiner eigenen Haftzeit zutreffend wiedergegeben haben mag, Haft heute aber eine ganz andere Realität bedeutet.

Dem ist nicht so. Schon davon, daß unser Strafvollzug bereits ein reformierter wäre, kann keine Rede sein. Er entspricht in wichtigen Bereichen – etwa im Hinblick auf eine verbreitetere Anwendung wirklich »offenen« Vollzugs oder auf wirklich qualifizierte Resozialisierungsangebote – noch nicht einmal den Vorstellungen des Gesetzes (und zwar so wenig, daß wieder andere meinen, nicht reformiert gehöre er, sondern abgeschafft). Zum anderen sind diejenigen Errungenschaften, die das Gesetz tatsächlich gebracht oder wenigstens verankert hat – wie etwa häufigerer Besuch in der Anstalt oder Urlaub aus der Haft – an den von Scheu dargestellten Haftformen gerade vorbeigegangen: Ein Gesetz über die Untersuchungshaft fehlt bis heute, und zum Beispiel beurlaubt werden darf ein »Lebenslänglicher« nach dem Strafvollzugsgesetz in der Regel erst nach zehnjähriger Gefangenschaft – etwa also nach der Zeit, die der Autor insgesamt »einsaß«. Seine damaligen Erlebnis- und Erfahrungsbereiche sind daher, Reformen her oder hin, tatsächlich noch weitgehend unverändert. Eben deshalb darf der Leser ihm durchaus glauben.

Es wäre gut, wenn nicht nur alles dieses zur Lektüre reizte. Denn die Tatsache, daß das Buch überhaupt noch immer aktuell ist, spricht beredt genug für sich.

Horst Schüler-Springorum

Einführung

Eine kurze Mitteilung des Bundesgerichtshofs, meine Strafe sei zu »lebenslänglich« erhöht worden, traf mich völlig unvorbereitet, bedeutete das doch Verewigung des damaligen, kaum erträglichen Zustandes der Untersuchungshaft, Gefährdung der Ehe und Familie (trotz aller gegenteiligen, liebevoll beteuerten Versicherungen), zu erwartende bösartige Umweltreaktion und dergleichen mehr. Das alles hetzte wie eine Herde durchgehender Pferde durch eine sich immer mehr verwirrende Gedankenwelt und entwickelte eine Art Brei, ein höllisches Durcheinander ohne Anfang, ohne Ende.

Dazu kamen dann noch die sofort einsetzende ständige Überwachung in einer Einzelzelle, nachts permanentes Licht, besonders auf das Gesicht des Schlafenden gerichtet, viertelstündliche barsche Aufforderung, sich zu bewegen. Das alles geschah in angeblich fürsorgerischer Absicht, um etwaige Selbstmordabsichten bereits im Entstehen zu verhindern. An die verheerenden psychischen Folgen solcher Maßnahmen schien niemand gedacht zu haben.

Nach den ersten drei Monaten einer mühsamen seelischen Konsolidierung erfolgte ein weiterer Schlag: Von dem in Pfennigbeträgen mit viel Mühe angesammelten Arbeitsentgelt wurden als Kostenbeitrag für einen Sarg dreißig Mark einbehalten. Fiskalisch gesehen mag diese Anordnung vertretbar sein, aber eine ohnehin gedemütigte Seele reagiert eben auf ihre Weise.

Auch ohne die bei mir vorliegende psychologische Vorbildung wird einem da sehr schnell klar, daß man unter solchen Lebensbedingungen und bei dem unweigerlich einsetzenden Zustand völliger Hoffnungslosigkeit seelisch und körperlich einem allmählichen Siechtum verfallen dürfte. Zwar harrte zu Hause die Familie in unerschütterlicher Treue und Liebe trotz allem voller Hoffnung aus, auch zeigten viele der Beamten echtes Mitgefühl, aber ändern konnte das alles nichts an der voraussichtlich tödlichen Konsequenz: Wenn es nicht gelingt, sich selbst aus dem Teufelskreis der abschlaffenden Resignation und dann wieder des wilden Aufbegehrens zu befreien, dann ist man ziemlich untauglich für ein etwaiges weiteres Leben, wird zum Hemmklotz für die Familie.

Viele Verurteilte sind in solchen Fällen versucht, sich das Bedrückende von der Seele zu schreiben, was dann meist zu den sogenannten »Knastmemoiren« führt. In diese fließen oft genug subjektive Beimengungen, die den Aussagewert erheblich mindern können.

Eines Tages regte daher unser damaliger Anstaltsleiter an, ich sei doch wohl wegen meiner fachlichen Vorbildung imstande, Eindrücke und Verhaltensweisen mit möglichst verläßlicher Genauigkeit leidenschaftslos aufzuzeichnen. Damit würde ich eine Lücke schließen helfen und für mich persönlich sei das auch von Vorteil.

Er hatte recht, ich konnte mich dadurch gewissermaßen über die jeweilige Situation erheben und somit die unvermeidlichen Mißhelligkeiten leichter ertragen. Außerdem war es naheliegend, daß ich im Verlauf der zahlreichen Gespräche mit Insassen einen immer engeren Kontakt zu diesen bekam und somit Erkenntnisse gewann, die dem Außenstehenden meist verborgen bleiben. Daraus ergab sich fast unmerklich und unbeabsichtigt eine Art Mittlerrolle, konnte ich doch manche Unstimmigkeit zwischen gereizten Insassen und nervös reagierenden Beamten entschärfen, ehe daraus ein gefährlicher Zwist mit Gewaltanwendung wurde.

Außer den Büchern von Steffen Harbordt ›Die Subkultur des Gefängnisses‹ (Stuttgart 1967) und Hans-Christoph Hoppensack ›Über die Strafanstalt und ihre Wirkung auf Einstellung und Verhalten von Gefangenen‹ (Göttingen 1969) stand mir keine einschlägige Fachliteratur zur Verfügung. Naturgemäß bekam ich auch keine Akteneinsicht, so daß ich für meine Studie nahezu ausschließlich empirisches Material verwertet habe.

Diese Studie erschien dann erstmals 1970 und erregte nicht nur in Fachkreisen eine unerwartete Aufmerksamkeit. Auch wenn manches aus heutiger Sicht nach Durchführung entsprechender Reformen überholt sein dürfte, werden sich die menschlichen Reaktionen auf das Phänomen »Freiheitsentzug« kaum wesentlich geändert haben. Aus diesem Grunde wurde der Text fast unverändert übernommen.

Werner Scheu

1. Prozeß und Prozedur

Wer zum ersten Male vor einem Gericht steht, bringt von dessen Verfahrensweise meist infantile Vorstellungen mit. Je jünger der Beschuldigte ist, desto mehr sind sie orientiert an früheren Auseinandersetzungen in Elternhaus und Schule, mit Vater, Mutter, Schulleiter oder Lehrmeister als »richterlicher« Instanz. Man ist sich bewußt, daß der Staatsanwalt als der eigentliche Gegner zu betrachten ist, und erwartet (angeregt durch literarische Darstellungen angelsächsischer Verhältnisse) mithin die gefährlichen Angriffe aus dieser Richtung. Tatsächlich aber ist es bei dem Inquisitionsprinzip hierzulande der vorsitzende Richter, welcher die bohrenden Fragen stellt; man sieht sich somit urplötzlich genötigt, gewissermaßen mit »verkehrter Front« zu kämpfen, was stets Unsicherheit verursacht. Ohne den Wert dieses Prinzips in Frage zu stellen, muß bedacht werden, daß sich dadurch in der Sicht des Angeklagten die Optik verschiebt; der souverän abwägende Richter wird zum kleinlichen Fahnder, zum Exponenten einer rachsüchtigen Gesellschaft. Da die eigentliche richterliche Entscheidung, das Urteil, stets unter Ausschluß der Öffentlichkeit gebildet wird, wird dieser Eindruck nicht mehr korrigiert. Es bleibt im Unterbewußtsein nur das repressive Element haften, ein Freund-Feind-Verhältnis zur Gesellschaft, weil das Bild des als ausgleichender Faktor über den Parteien stehenden Richters verwischt wurde. Die daraus herrührende Regression wird später oft genug übertragen auf die Verwaltung, in deren Exponenten man allenfalls nur noch Instrumente sieht.

Aufschlußreich ist folgende Beobachtung: Vor einiger Zeit ging durch die Presse ein Bericht über einen Zwischenfall vor Gericht (ein der APO nahestehender Student hatte vor dem Tribunal seine Notdurft verrichtet). Tat und Darstellung wirkten abstoßend, dennoch gab es unter fast siebzig von mir befragten Insassen keinen, der nicht voll schadenfroher Genugtuung das Geschehen zur Kenntnis genommen hätte. Es handelte sich dabei fast ausschließlich um Männer, die keineswegs als hoffnungslos asozial zu gelten hatten, deren ästhetisches Empfinden noch längst nicht abgestumpft war. (Alarmiert durch die Erkenntnis, daß auch ich darüber eine gewisse Befriedigung empfand, hatte ich überhaupt erst diese Befragung begonnen.)

Es entsteht somit nicht selten eine Phobie, welche vergleichbar ist mit der Einstellung der meisten Spätheimkehrer, die sich nicht lösen können von einem stets wachsamen Argwohn der Sowjetunion gegenüber. Die Nachwirkung eines solchen Traumas muß hinsichtlich einer möglichen Resozialisierung ebenso einkalkuliert werden wie der als Aggression gewollte Rückfall, für den man sich gegebenenfalls nun »besser vorbereitet« wähnt.

Mindestens ebenso nachhaltig wirkt bei Erstbestraften die eingehende Vernehmung zur Person während der Hauptverhandlung, bei der man genötigt wird, weite Bereiche der Intimsphäre vor einer lüstern interessierten Öffentlichkeit auszubreiten, was in vielen Fällen einer psychischen Vivisektion gleichkommt. Die dadurch ausgelösten Gefühlsausbrüche erfolgen meist unbemerkt (abends in der Zelle), da man sich ja bedachtsam tarnen muß, um sich keine Blöße zu geben. Nächtlich hemmungsloses Weinen erwachsener Männer ist nur ein Symptom.

Immer häufiger werden psychologische beziehungsweise psychiatrische Gutachter zur Urteilsfindung herangezogen und deren Expertisen zu einem Bestandteil der Urteilsbegründung gemacht. Es sei nicht bestritten, daß diese Praxis sachlich einwandfrei ist und oft genug den Hintergrund der Tat wünschenswert erhellt. Man sollte dabei aber auch bedenken, daß der Gutachter vornehmlich die Aufgabe hat, die strafrechtliche Verantwortlichkeit des Angeklagten zu prüfen sowie die Möglichkeiten eines Rückfalles kritisch zu würdigen, und sich in der Regel auch darauf beschränkt, während ausschließlich therapeutische Aspekte meist außer acht gelassen werden. Der allenfalls durchschnittlich gebildete Mensch vermag aber nicht zu unterscheiden zwischen einem Gutachten als schriftlich fixiertem Statusbefund und einer Diagnose als Grundlage für eine spätere Therapie. Wer einmal seine sittliche und soziale Verworfenheit schwarz auf weiß bekam ohne den geringsten Lichtschimmer einer möglichen Abhilfe, der wird zum mindesten das Vertrauen zum Arzt oder Psychologen verlieren, wodurch später manche sinnvolle Maßnahme zunächst jedenfalls blockiert wird. (Die mißtrauische, nicht selten fast haßerfüllte Ablehnung den beamteten Anstaltsärzten gegenüber hat hier oft ihren Ursprung.) Darüber hinaus wird der Verurteilte zu resignieren beginnen (»mir ist doch nicht zu helfen«), oder – was noch üblere Folgen hat – mit seiner Verworfenheit kokettieren. Immer wieder offenbaren gerade junge Männer, deren Entlassungstag bereits nahe bevorsteht, eine bedrückte Hoffnungslosigkeit. Im Verlauf eines solchen Gespräches stellt sich dann heraus, daß sie weite Passagen des für sie negativen Gutachtens fast wörtlich zitieren können, mithin gerade diese Stellen immer wieder gelesen haben müssen. Die demoralisierende Wirkung liegt auf der Hand.

Bei der Einlieferung in die Strafhaft kommt zu der seelischen und charakterlichen Nacktheit die leibliche Entblößung mit der Ablage der gesamten eigenen Kleidung und zwangsweisen Hergabe des gesamten persönlichen Besitztums einschließlich der banalsten Kleinigkeiten, an denen aber vielfach gerade bedeutsame Erinnerungen hängen. Die bis vor wenigen Jahren noch obligate Inspektion sämtlicher Körperöffnungen hinsichtlich etwa dort deponierter Mitbringsel wird heute nur noch in Ausnahmefällen durchgeführt, die Besichtigung der äußeren Geschlechtsmerkmale aber ist aus naheliegenden Gründen auch weiterhin unumgänglich.

Die durch diese Prozedur ausgelösten wilden Gefühlsausbrüche (Harbordt S. 11) sind an sich ganz natürliche Reaktionen, nämlich echt kreatürliches Verhalten, wie man überhaupt berücksichtigen sollte, daß widernatürliche Lebensumstände scheinbar widernatürliche Reaktionen herausfordern. Nicht das äußerlich disziplinierte und vermeintlich einsichtige Verhalten ist normal, sondern weit mehr das trotzige und wilde Aufbegehren. Wer sich so gibt, der zeigt, daß er sich zwar geschädigt fühlt, nicht aber geschändet.

Betroffen werden davon hauptsächlich die sensiblen Menschen, und deren gibt es unter den Insassen weit mehr, als man gemeinhin annimmt, da sie sich oft genug hinter bramarbasierendem Gerede tarnen. Wer es mehrfach erlebt hat, wie so ein Neuling frech und aufsässig dem Transportwagen entsteigt, herablassend mitgebrachte echte Wertgegenstände als Kleinigkeiten bezeichnet, dann später schlotternd in seiner Nacktheit in der Kleiderkammer steht und schließlich fast schluchzend eine Bitte beim Stationsbeamten vorbringt, der wird daran nicht zweifeln.

Angetan mit einer uniformen, mäßig passenden Kleidung von betont deklassierendem Schnitt sieht man sich unvermittelt hineingestoßen in eine Masse völlig gleich angezogener Gestalten, in deren Mitte man sich nackt vorkommt, gezeichnet durch ein Nessus-Gewand, obgleich man sich doch gerade dadurch überhaupt nicht von den anderen unterscheidet. Es tritt ein Zustand ein, den man als »seelisches Frösteln« bezeichnen könnte. Man erkennt solche Neulinge unschwer an ihrer Haltung, den nach vorn gebeugten, zusammengezogenen Schultern, dem gesenkten Kopf, den äußerst sparsamen Bewegungen. Dieser typischen Reaktion auf ohnmächtiges Ertragen von Kälte entspricht eine geistige Abwesenheit, eine Art Betäubung, Schläfrigkeit, in der man nur bedingt ansprechbar ist.

Dieser Zustand währt etwa drei bis fünf Tage (in Extremfällen über Monate hinaus), dann paßt man sich dieser Lage an, da es einem ja verwehrt ist, sich ihr durch hemmungslose Flucht zu entziehen. Es kommt zu einer neuen Phase, einer Art »Verrattung der Seele«. Man scheut das helle Licht, drückt sich möglichst vor der obligaten Freistunde, sucht jede Begegnung mit Beamten zu vermeiden, und – wenn sie unumgänglich ist – »beißt« man besinnungslos und haßerfüllt um sich. Es ist das ein heimtückischer, weil ohnmächtiger Haß, der sich nicht selten in scheinbar sklavischer Unterwürfigkeit äußert und immer wieder angereichert wird durch wilde Phantasie, wie man den Gehaßten (Stärkeren) unter grausamen Qualen verenden lassen würde, wenn ... Da solche Gefangene, wie bereits erwähnt, jeden über das Unvermeidliche hinausgehenden Kontakt mit Aufsichtspersonen vermeiden und sogar auf das Vorbringen berechtigter Anliegen verzichten, fallen sie nicht auf und werden meist allzu schnell in die Kategorie der »Haftgewohnten« eingeordnet. Da nach einiger Zeit mit fortschreitender Anpassung eine scheinbare Konsolidierung eintritt, wähnt man sich dazu sogar berechtigt.

Derartige psychische Traumata, die zur Zeit ihrer Entstehung ja fast nie offenkundig werden, beginnen sich erst sehr viel später in plötzlich veränderten Verhaltensweisen zu äußern; der so einsichtige, ruhige und leicht lenkbare Gefangene wird ohne ersichtlichen Grund aufsässig, arbeitsunwillig, betont frech und riskiert sogar völlig sinnlose Fluchtversuche. Da sich nur sehr wenig Menschen unter den Umweltbedingungen der Gefangenschaft die Fähigkeit bewahren können, diesen Entwicklungsprozeß bei sich selbst zu überblikken, ihn zu beeinflussen, erfolgt der Ablauf fast zwangsläufig. Übrigens ändert auch eine sorgsame Auto-Analyse daran nicht viel, wie ich an mir selbst feststellen mußte. Da sich unwillkürlich die Person des Kammerbeamten (dem ersten uniformierten Bediensteten, mit dem man in nähere Berührung kommt) mit dem Bewußtsein absoluter Erniedrigung verbindet, diese gewissermaßen symbolisiert, habe ich fast ein ganzes Jahr gebraucht, um in dem Manne einen hochanständigen und integren Menschen zu sehen.

Aus unerfindlichen Gründen hat man für den leitenden Beamten der Kleiderkammer die dienstliche Bezeichnung

»Hausvater« eingeführt und bis heute beibehalten. Abgesehen davon, daß diese Gepflogenheit zu ganz unmöglichen Wortgebilden wie »Hausvaterei« und ähnlichem geführt hat, werden damit hauptsächlich bei jüngeren Gefangenen eine Anzahl divergierender Assoziationen ausgelöst. Je wehr- und hilfloser sich ein junger Mensch fühlt, desto mehr wird er sich auf den väterlichen Beistand der Kinderjahre besinnen, sich vergeblich nach diesem zurücksehnen.

Kommt er aus einer zerrütteten oder geschiedenen Ehe, wird der (aus mütterlicher Sicht begreiflichen und oft genug vom Sohn übernommenen) Abneigung dem Vater gegenüber nun eine neue, ganz verzerrte Version des Patriarchates aufgepfropft und Haß erzeugt.

Dem Älteren, der selbst schon Vater ist, wird die derzeitige Ohnmacht erst richtig bewußt gemacht; er sieht sich aus der Rolle des Familienvorstandes auf die des einfachen Erzeugers reduziert.

Das für Notzeiten empfohlene Gebet zitiert das Bild des Gott-Vaters und wird nun unnötig verschattet durch das eines vermeintlich engherzigen und geizigen Haus-Vaters. Daß dieser Beamte lediglich korrekt und pflichtgemäß seines ohnehin schwierigen Amtes waltet, wird dabei völlig übersehen. Auch hier äußern sich die Reaktionen sehr viel später und scheinbar zusammenhanglos in einem gestörten Verhältnis zur Religion, zur Familie, zum »Vater Staat« als Symbol einer komplexen Gesellschaft.

Eine weitere, ungewollt nachteilige Wirkung hat die in vielen Anstalten immer noch praktizierte pseudomilitärische Handhabung von Reglement und Disziplin. Kaum hat der Neuling seine Unterkunft in einer Zelle gefunden, wird ihm das eingehende Studium und die Beherzigung der dort aushängenden ›Verhaltensvorschriften für Strafgefangene und Verwahrte‹ empfohlen. Es sind das Auszüge aus der Dienst- und Vollzugsordnung, in denen nahezu alles reglementiert wird, was man gemeinhin als Dasein bezeichnet. So hat man unter anderem den »Anstaltsbediensteten mit Achtung zu begegnen, ihre Anordnungen zu befolgen, auch wenn man sich durch sie beschwert fühlt« (5/1). Man »darf mit einem Bediensteten nur sprechen, wenn man dazu aufgefordert wird« (5/2). Man »hat die Bediensteten zu grüßen. Männliche Gefangene nehmen dabei die Kopfbedeckung ab« (5/3). Nicht nur ich habe manche Erkältung riskiert, weil ich aus diesem Grunde keine Kopfbedeckung trug. Es berührt nämlich seltsam, daß andererseits die Beamten nicht gehalten sind, den Gruß zu erwidern, daß es ihnen sogar untersagt ist, anders als allenfalls mit dem der Tageszeit entsprechenden Gruß oder einem Kopfnicken zu antworten. »Betritt ein Bediensteter den Haftraum, so hat der Gefangene seine Beschäftigung zu unterbrechen, sich zu erheben und eine ordentliche Haltung anzunehmen ...« (5/4). Man »darf sich nicht unbefugt am Fenster aufhalten ...« (7). »Jeder nicht ausdrücklich erlaubte Verkehr der Gefangenen untereinander ist verboten« (8/1). »Gefangene dürfen untereinander keine Geschäfte abschließen. Hierunter fällt auch das Geben und Empfangen von Geschenken« (9/1).

Bereits diese wenigen Zitate aus insgesamt 82 Abschnitten mit jeweils mehreren Unterteilungen geben dem Neuling zu verstehen, daß er sich künftig nicht als Mitglied einer Gemeinschaft zu begreifen hat, sondern als isoliertes Objekt, was in Widerspruch steht zu dem Begriff der Sozialisation als der Einfügung in eine Gemeinschaft. Daß es sich hier um grundsätzliche Bestimmungen handelt, die, wörtlich genommen, generell kaum durchsetzbar sind, wird einem erst viel später bewußt, ebenso wie die Tatsache, daß in fortschrittlich geführten Anstalten stillschweigend auf die Anwendung der meisten Postulate verzichtet wird.

Der ohnehin meist labile und durch die Einlieferungsprozedur vollends haltlos gemachte junge Mensch sieht zunächst nur die Dornen des bürokratischen Stacheldrahtes, der ihm hinfort eine Art Spalier sein soll. Jede größere Gemeinschaft bedarf gewisser Regeln, das ist unbestritten. Man sollte aber bedenken, daß als Äquivalent dazu die kameradschaftliche Solidarität gehört und im Bedarfsfalle auch eine kollektive Erziehung dem unverbesserlichen Außenseiter gegenüber. Aber gerade das muß aus Sicherheitsgründen tunlichst verhindert werden, weil es bei den vielen verrohten Burschen gar leicht zu argen Gewalttaten führen würde.

So entsteht ein drückendes Übergewicht des absoluten Ordnungsprinzips, die Sub-Ordination, und gerade diese fordert den latenten Haß immer wieder zu Verstößen heraus, nicht weil man von Natur zur Unordnung neigt, sondern lediglich als Auflehnung gegenüber der Bevormundung, dem repressiven Zwang. Ich kenne Männer, die ihre Zelle absichtlich kahl und sogar gelegentlich etwas unordentlich hielten, alle Möglichkeiten verwarfen, sie wohnlich zu gestalten, einzig aus dem Grunde, weil sie das staatlich »verordnete Zuhause« ablehnten (ich selbst gehörte mindestens während der ersten Jahre auch dazu).

2. Ordnung und Sauberkeit

»Mens sana in corpore sano« wird hierzulande immer noch so verstanden, daß durch Erziehung zu äußerer Sauberkeit eine Sanierung der Seele erreicht werden kann. Mit diesem vermeintlich therapeutischen Effekt wird der Zwang zu peinlicher Reinlichkeit begründet, und da diese aufs engste mit der Ordnung verbunden ist, wird sie mit dieser identifiziert. Diese Maxime ist in allen Anstalten gültig und wird meist in lehrhaftem Ton dargelegt, ohne zu bedenken, daß gerade dieser es ist, der zur Opposition herausfordert. Nachlässigkeit bis zu betonter Mißachtung des eigenen äußeren Erscheinungsbildes ist, wie bereits erwähnt, keineswegs immer die erkennbare Begleiterscheinung seelischen Schmutzes, genau wie stete »Appellfähigkeit« der Unterkunft im Sinne der »guten Stube« keinen Beweis für saubere Gesinnung bedeutet. Es ist für den Beamten nicht leicht, hier im Drang der täglichen Routine eine Differenzierung vorzunehmen, weil die Grenzen vielfach verschwommen sind und der Gefangene selbst kein konstantes Verhältnis zu seinem Haftraum hat, dieses im Laufe der Zeit gewissen Wandlungen unterliegen kann. Die im folgenden aufgezeigten Erscheinungs- beziehungsweise Verhaltensweisen sollen lediglich als Anhaltspunkte dienen:

Der sensible Neuling mit seinem fröstelnden Treibenlassen, der stummen Auflehnung gegen die »verordnete Ordnung«, der Betäubung und dadurch ausgelösten Introversion wurde bereits beschrieben. Stete Vorhaltungen verhindern lediglich das Vernarben seelischer Traumata, die beflissene Erfüllung ist allenfalls ein Scheinerfolg, dessen vom Gefangenen gewollter Effekt darin besteht, die Konfrontation mit dem »Ordnungswärter« möglichst abzukürzen, wobei sich dieser weit mehr verhaßt macht, als ihm bewußt wird (s. »Verrattung der Seele«: hier im Sinne von Bohren in einem

Rattenloch, wodurch das Tier gezwungen wird, sich noch weiter zurückzuziehen).

Der Rückfalltäter, der sich schleunigst wieder ein Zuhause schafft, weil er – von früher her domestiziert in dem Anstaltsleben – dieses als Statussymbol braucht. Er weiß genau, daß er sich dadurch schnell wieder das Wohlwollen der Beamten erwirbt, und ist meist stolz auf seine Zelle. Immer wieder ist man erstaunt, daß gerade die fragwürdigsten Charaktere sich durch penetrante Sauberkeit auszeichnen, die so weit führen kann, daß der Mann seinen eigenen Haftraum nur noch auf Strümpfen betritt, um den Glanz des stets tadellos gebohnerten Zellen-Fußbodens nicht zu beeinträchtigen.

Die *Puppenstube,* gelegentlich auch »Puff« genannt. Meist Unterkünfte von Homosexuellen, was man gewöhnlich daran erkennt, daß in ihnen stets ein leichter Hauch von Körperpflegemitteln zu finden ist, aber selten ein geöffnetes Fenster. Die Ausstattung, soweit sie über das normale Inventar eines Haftraums hinausgeht, zeigt deutlich feminine Merkmale mit zahlreichen Deckchen, Ziervasen und dergleichen.

Die *Höhle des Hamsters,* der alles besitzen muß, was ihm gerade gefällt, der alle möglichen Dinge um sich sammelt, auch auf die Gefahr hin, seinen ohnehin beschränkten Wohnraum noch weiter zu beengen. Eine rigorose Konfiskation aller unzulässigen Dinge führt lediglich dazu, daß möglichst umgehend Ersatz beschafft wird, auch wenn man ihn nicht benötigt. Das Besorgen von Besitz, das sogenannte »Abstauben«, schafft Befriedigung, deretwegen man auch Verluste in Kauf nimmt.

Körperpflege steht bekanntlich in einem bestimmten Verhältnis zur Sexualität. Unter den sogenannten »Berbern« (Pennbrüdern) gibt es weit mehr Geruchsfetischisten, als man vermutet. Ihnen bedeutet der Mief aus mangelhaft gelüftetem Bettzeug, verschwitzter Kleidung und so weiter eine wohlige Atmosphäre. Ratten und Füchse sind dafür bekannt, daß ihre Behausungen stets übel riechen, der Knastausdruck »Ratte« ist daher durchaus treffend.*

Eine andere Form des Geruchsfetischismus findet man bei ausgesprochen femininen Typen (meist habituellen Homosexuellen), deren Waschtisch überladen ist mit Elixieren der Körperkultur (nicht Hygiene!), welche abends genüßlich angewandt werden. Männliche »Prostituierte des gehobenen Status«, die sich keineswegs bereitwillig für Tabak und Kaffee hingeben, bieten sich unterwürfig an für einen Flakon guten Gesichts- oder Haarwassers aus dem Weihnachtspaket.

Die außerdem noch vorkommenden Abarten gewollter Unsauberkeit sind perversen Ursprungs und können als Ausnahmen hier unberücksichtigt bleiben.

Bei derart unterschiedlichen Auffassungen von Ordnung und Sauberkeit auf den wenigen Quadratmetern der Gemeinschaftszelle können Komplikationen gar nicht ausbleiben. Heftige Zusammenstöße sind die Folge, die häufigsten Ursachen aller vorkommenden Schlägereien.

* Harbordt versteht unter »rat« den Denunzianten (S. 58), doch bedarf das einer Ergänzung: Unter »Ratte« wird hierzulande ein Mann verstanden, der teils wieselhaft flink, teils plump vertraulich überall dabeisein will, seine »Nase in alles steckt«, beim Betreten einer fremden Zelle mit schnellem Blick auch die geringste Veränderung registriert und nahezu alles brauchen kann, ohne allerdings etwas dafür zu geben. Als Denunziant tritt er auch in Erscheinung, doch ist er als solcher zwar lästig, aber relativ wertlos, weil seine Information nur wenig verläßlich ist und weitgehend abhängig von der Belohnung.

3. Die Rolle des Neulings

Die Subkultur des Gefängnisses ist abhängig von der Mutterkultur der Umwelt und ihrer Gesellschaft. Daher sind Aufzeichnungen über Verhaltensweisen in der Haft nur verwertbar unter Berücksichtigung der jeweiligen Zeitumstände. In der militanten Ära vor 1945 und nachwirkend noch ziemlich weit darüber hinaus wurde der Neuling als eine Art Rekrut betrachtet, der sich einzufügen und den »Alten« unterzuordnen hatte, allenfalls verwendbar war für niedrigste Verrichtungen, ein Jemand, der erst einmal zu beweisen hatte, daß er ein Kerl war. In Jugendstrafanstalten mag das noch üblich sein, indem Führerpositionen durch ein Messen der Körperkräfte mit dem Neuling unter Beweis gestellt werden, doch ist mir das nur aus Schilderungen bekannt, die ich nicht nachprüfen konnte. Es wäre einer Untersuchung wert, ob es sich dabei um Relikte einer gemeinschaftlich ausgerichteten Staatsjugend handelt oder um Begleiterscheinungen unserer Zeit mit ihrem Trend zur Bildung jugendlicher Horden unter dem ungeschriebenen Gesetz des Stärkeren.

Seit Jahren schon setzt sich in den Strafanstalten eine Art neuer Lebensstil durch, analog der Entwicklung der Außengesellschaft, die vom Gemeinschaftsdenken zur Individualisierung gekommen ist. Ihr entspricht auch ein Wandel in der Ausführung von Verbrechen: Aus den Banden der Nachkriegszeit wurde der Einzeltäter oder das zeitlich begrenzte Kollektiv von Einzeltätern, die sich nach der Tat alsbald wieder trennen. Der bundesdeutsche »Gangster« als Mitglied einer »Gang« ist eine Erfindung der Sensationspresse; man wäre vermutlich enttäuscht darüber, wie harmlos der seinerzeit berüchtigte »König der Bankräuber« Hugo A. oder der »Schrecken der Kripo« Bruno F. wirken, wie wenig sie eine Gefahr für ihre derzeitige Mitwelt, die übrigen Insassen, darstellen. Allen diesen Männern ist gemeinsam, daß sie sich auch hier betont isoliert halten, jeden Anschluß an »Fachkreise« meiden und sich gerade dem Neuling gegenüber tolerant geben, es ablehnen, seine Unerfahrenheit auszunutzen. Es ist bekannt, daß hierzulande der Mehrzahl aller Straftaten etwas Kleinbürgerliches anhaftet. Wenn sich mehrere Männer zu einem »Ding« zusammengefunden hatten, sogenannte Faktums-Kollegen sind, so bedeutet das keineswegs, daß sie auch in der Haft noch eine Interessengemeinschaft bilden. Immer wieder erlebt man es, wie sie sich auf eine geradezu billige Weise zu exkulpieren versuchen, sich gegenseitig nachträglich belasten ohne jeden Nutzeffekt, da das gemeinsame Urteil ja längst rechtskräftig geworden ist. Gewöhnlich sind sie schnell untereinander verfeindet und gehen sich aus dem Wege.

Diese Beobachtungen stehen im Widerspruch zu den von Harbordt beschriebenen, was aber nicht grundsätzlich gegen dessen These spricht, sondern lediglich dafür, daß Länder wie die USA oder Italien mit ihren straff organisierten Verbrecher-Syndikaten auch adäquate Zustände in den dortigen Strafanstalten aufweisen.

Die Kommerzialisierung der Außenkultur erzeugt ähnliche Verhaltensweisen hinter Gittern: Der Neuling wird weniger als wehr- und daher willenloses Objekt behandelt denn als eine Art Juniorpartner, dessen Unerfahrenheit man auszunutzen trachtet. Erkennt der Neue dieses rechtzeitig oder ist er nicht mehr ergiebig genug, dann läßt man von ihm ab, ohne ihn zu bedrohen, und wendet sich anderen, lohnenderen Opfern zu. Die heutzutage schon vielfach übliche großzügigere Überlassung mitgebrachter Genußmittel während der Aufnahme-Prozedur macht den Neuling begehrenswerter als früher, wo er in der Regel einer der »Ärmsten« war, da noch nicht am Erwerbsleben (Einkauf) beteiligt. Die sonstigen mannigfachen Möglichkeiten der Verwertbarkeit in persönlicher Hinsicht sind bei Harbordt (S. 19) hinreichend dargestellt und haben auch Gültigkeit für die hiesigen Verhältnisse, es fehlt lediglich der brutale Zwang und damit die fortgesetzte Erniedrigung des nahezu Wehrlosen, andererseits aber auch die Notwendigkeit, sich zu Verteidigungszwecken zu bewaffnen.

Man muß unterscheiden zwischen »ausbeuten« und »verwerten«. Ersteres setzt das Unterjochen durch die »Hackordnung« (Harbordt S. 18/19) voraus, welche das Opfer versklavt und ihm nur insofern einen Lebensraum beläßt, als der Stärkere an dessen Nutzeffekt partizipiert. Der von Harbordt (S. 75) beschriebene »Gorilla« ist für dieses System charakteristisch, welches zur Zeit der sogenannten Ringvereine auch hier üblich war und in nahezu sämtlichen Berichten aus russischen Gefangenenlagern vorkommt (Terror der blatnoi).

Die Bezeichnung »Gorilla« ist auch hier geläufig, doch ist es mehr eine Art Typenbezeichnung für einen groben, ungeschlachten und dennoch im Grunde gutmütigen Burschen, gleichermaßen verwendbar als Portier eines Nachtlokals wie als Leibwächter eines Potentaten oder als bulliges Arbeitstier. Für den Neuling ist der Gorilla ungefährlich im Gegensatz zu dem »Möchte-gern-Gorilla«, einem von Natur feigen, großsprecherischen und betont abschreckend wirkenden Mann, der Schwächere einzuschüchtern versucht, aber sogleich zurücksteckt, wenn er auf Widerstand stößt, welcher sich keineswegs mit einer behelfsmäßigen Waffe zu äußern braucht. (Wer trotz finsterer Drohungen und aggressiver Annäherung nicht einen Zoll zurückweicht, hat meist gewonnen, auch wenn die eigene Körperkraft in keinem Verhältnis zu der des anderen steht. Ich selbst habe das mehrfach erlebt.)

Die »Hackordnung« gibt es hierzulande nicht mehr – oder noch nicht. Gewisse Anzeichen lassen allerdings vermuten, daß sich da ein Wandel abzeichnet (Trend zur Konzentration in der Außenwelt?). Das Fehlen eines solchen brutalen Zwanges mag günstig erscheinen, doch bedeutet es gleichzeitig eine beträchtliche psychische Belastung. Die Depravierung hat den Eigenwertbegriff ins absolut Negative abgleiten lassen und damit gleichzeitig einen echten Bedarf an »moralischer Aufrüstung« geschaffen. Die von Mitgefangenen dem Neuling angetragene »Partnerschaft« täuscht eine wertbezogene Solidarität vor, die es gar nicht gibt, für die man aber dankbar ist, weil man darin Halt und Wertschätzung zu sehen wähnt. Der andere aber spekuliert lediglich auf die Dankbarkeit, indem er sich diese noch durch spontane Geschenke und kleine meist gar nicht verlangte Gefälligkeiten zu sichern weiß, das heißt er appelliert an die Anständigkeit. Es sind dies die Usancen schwindelhafter »Unternehmer« draußen, lediglich mit dem Unterschied, daß dort vertrauensselige alte Leute hintergangen werden und es hier der vertrauensbedürftige Neuling ist.

Der »Gorilla« der Hackordnung ist meist schon äußerlich erkennbar und fordert allein durch sein Auftreten Abwehrreaktionen heraus, mögen sie auch ganz unzureichend sein; als Feind jedenfalls ist er plastisch. Der als vorgeblicher Freund auftretende Gauner wird erst sehr viel später erkannt und durchschaut. Das Bewußtsein körperlicher Unterlegenheit wirkt längst nicht so demoralisierend in dieser Lage wie ein Vertrauensmißbrauch, denn dieser zehrt an der ohnehin schon verringerten Substanz von Selbstvertrauen, welches aber unerläßlich ist, um psychisch unbeschadet die Phase der Unfreiheit zu überstehen.

Verwertbar ist im Gefängnis mit seiner chronischen Mangellage nahezu alles, es kommt lediglich darauf an, Verwendungsmöglichkeiten ausfindig zu machen. Hat der Neuling tatsächlich weder in der Anstalt noch draußen im Bereich seiner Familie etwas zu bieten oder nichts verborgen (von einer mutmaßlichen Beute), ist er auch homosexuell nicht verwendbar, so gibt es eben andere immaterielle Werte. Ist der Neue beispielsweise ein Angehöriger des Adels, so erkundigt man sich mitfühlend nach familiären und standesbedingten Einzelheiten und Verbindungen, heuchelt Anteilnahme und – tritt später einmal als Baron X auf. Der ehemalige Offizier wird zum Erzählen angeregt und tut es nur zu gern, um der tristen Gegenwart wenigstens für Stunden zu entrinnen.

Ich lernte einen früheren Hauptmann im Afrikakorps kennen, der später einen spektakulären Fluchtversuch aus amerikanischer Kriegsgefangenschaft unternommen hatte. Viele Monate später – der ehemalige Hauptmann war längst entlassen worden – machte sich ein Gefangener an mich heran, gab an, er sei Offizier gewesen, habe in Afrika gekämpft; er verblüffte mich durch erstaunliche Detailkenntnisse im Bereich höherer Stäbe. Er sei in amerikanische Gefangenschaft geraten und – geflüchtet! Als er berichtete, er sei dafür vierzig Tage lang in einen Drahtkäfig gesperrt worden, kam mir die Story merkwürdig bekannt vor: sie war fast wörtlich zitiert, nur eben unter anderer Flagge, nun aber verbunden mit einem Appell an meine »kameradschaftliche« Hilfsbereitschaft.

Hat der Neuling eine hübsche und noch junge Frau, was aus dem mitgebrachten Bild zu entnehmen ist (einige Fotos von Angehörigen darf man im Besitz haben), so begibt man sich nach der eigenen Entlassung zu ihr, stellt sich als intimer Freund des inhaftierten Ehemannes vor, weist sich aus durch die Kenntnis von Details, die man gesprächsweise erfahren, und gelangt in die Wohnung, vielleicht auch – ins Ehebett!

Die große Schar der Rückfallbetrüger ist es, die sich vornehmlich an den Neuling heranmachen, aber auch andere Gefangene verschmähen solche Praktiken nicht, deren Raffinement gelegentlich imponierend ist.

Als »Verwaltungsschreiber« eingesetzt, war ich unter anderem mit der Verlegung beziehungsweise Unterbringung der Gefangenen befaßt. Stets hatte ich es peinlich genau vermieden, mich bestechen zu lassen, was ein Novum darstellte, denn ganz allgemein galt gerade dieses »Amt« als begehrte Pfründe. Zu meiner Verblüffung kam eines Tages ein Mann zu mir und beklagte sich vorwurfsvoll, daß seinem Wunsche nicht entsprochen worden sei, obwohl er doch fünfzig Gramm Nescafé investiert habe. Da ich weder etwas verlangt noch bekommen hatte, nichts davon wußte und außerdem in einem solchen Falle gar nicht selbständig entscheiden konnte, ging ich der Sache nach und erfuhr, daß einer der Kalfaktoren sich seit geraumer Zeit einen lukrativen Nebenverdienst verschafft hatte, indem er Neulingen weismachte, er habe so gute Beziehungen zu mir, daß ich ihm jeden Wunsch erfüllen würde. Allerdings dürfe er nicht mit leeren Händen kommen; ich selbst würde um meines Rufes willen selbstverständlich nichts annehmen, doch hätte ich eben meine Mittelsmänner. Dieser Kalfaktor war nicht als Betrüger verurteilt!

Am leichtesten gelingt die Anpassung an die Lebensbedingungen des Gefängnisses dem Asozialen, der allerdings oft genug schon vorher Fürsorgeheim und Jugendgefängnis durchlaufen hat. Am schwersten fällt dies dem Intellektuellen, der zudem meist manuell unbeholfen und körperlich schwächlich ist, dessen manchmal hochqualifiziertes Fachwissen in dieser Umgebung wertlos, weil nicht verwertbar ist. Auf der anderen Seite findet man aber gerade bei halb- oder ungebildeten Insassen eine Art scheuer Bewunderung; die Überlegenheit des Wissens wird anerkannt. Man darf sich dabei nicht täuschen lassen durch gelegentlich lautstark artikulierte Verachtung des »Gebildeten«, die im Kreise Gleichgesinnter vorgebracht wird. (Der ehemalige Hilfsschüler darf nicht in den Ruf geraten, etwa einen der verhaßten Lehrer zu achten.)

Sehr verbreitet ist das Kokettieren mit der eigenen Unbildung. Wenn der geistig Hochstehende fallen konnte, wie viel schwerer wiegt das gegenüber demjenigen, der dumm ist und nichts Richtiges gelernt hat.

Sonderbarerweise verhalten sich Intellektuelle fast genau umgekehrt; sie sind meist bestrebt, den Unterschied ihrer früheren sozialen Positionen möglichst schnell zu verwischen. Sie sind die ersten, die die gebräuchlichen »Knastausdrücke« übernehmen, sie penetrant häufig verwenden und den größten Wert auf das nivellierende »du« legen.

4. Schuldprobleme und ihre Lösung

Harbordt weist mit Recht darauf hin (S. 14), daß die Frage von fundamentaler Bedeutung für eine Resozialisierung ist, ob »der Gefangene unter der Strenge der Haft und in der Enge und Abgeschlossenheit der Zelle seine Schuld einsieht und auf sich nimmt, ob er Reue zeigt, Buße tut und gelegentlich Besserung gelobt – eine Vorstellung, die bei der Gründung des jetzigen Gefängnissystems herrschte und die sich heute noch vorfindet«. Die Väter des orthodoxen Vollzugs und ihre heutigen Epigonen gehen dabei von dem moraltheologischen Schuldbegriff aus, den sie identifizieren mit dem juristisch erfaßbaren Verschulden, das heißt sie bewältigen Un-Recht und Schuld gleichermaßen mit den Mitteln eines mehr oder weniger harten Vollzugs. Bei diesem System wird außer acht gelassen, daß der Täter nur zu bereitwillig diesem Axiom folgt und seinerseits Strafverbüßung mit Schuld-Tilgung gleichsetzt.

Es ist nicht dasselbe, ob man sich schuldig fühlen oder mit der Schuld leben muß! Eine möglichst selbstkritische retrospektive Darstellung meiner persönlichen Entwicklung mag als empirische Grundlage dienen, um diesen Unterschied deutlich zu machen. Vorauszuschicken wäre, daß ich ähnliche Entwicklungen, teilweise oder vollständig nachvollzogen, in vielen Gesprächen mit Gefangenen vorgefunden habe, wobei man sich allerdings durch einen Wust von Lippenbekenntnissen und Exkulpierungsbemühungen arbeiten mußte. Ich verzichte bewußt auf eine Würdigung der strafrechtlichen Aspekte des Tatherganges bei mir, sondern reproduziere lediglich den unerläßlichen Hintergrund.

Ich entsinne mich noch genau eines höchst unbehaglichen Gefühls, welches mich nach dem Abklingen des Exzitationsstadiums während des Einsatzes beschlich, und das ich zu kompensieren versuchte durch ein betont männliches Gehabe, um gewissermaßen den Unterschied zu den offenbar psychisch robusteren anderen zu verwischen. Diese Phase endete in der darauf folgenden Nacht, in der ich wieder allein war, nicht mehr integriert und gehalten von der Gemeinschaft. Nun erfaßte mich ein überaus quälendes Schamgefühl, welches die Uniform zum Nessusgewand werden ließ. Später verloren sich dann diese Empfindungen wieder, weil ich die Uniform ja weiter tragen mußte, dafür begannen mich nächtliche Bilder von dem Erlebten heimzusuchen. Hierbei ist zu erwähnen, daß die Tat als solche damals (1941) ja nicht mit Strafe bedroht war, daß sie im Gegenteil befohlen und damit staatlich sanktioniert war und meine seelischen Reaktionen völlig unabhängig von etwaigen strafrechtlichen Folgen abliefen. Mit zunehmend zeitlichem Abstand begannen die Bilder zu verblassen, wurden von mir wohl auch bewußt verdrängt durch die gedankliche Reproduktion anderer, zu denen ich selbst keinerlei Beziehung hatte, die aber in ihrer einprägsamen Deutlichkeit den meinen nicht nachstanden (Szenen aus zerbombten Städten, Kriegserlebnisse und so weiter). Analog dazu kam es zu einer Wandlung des Schuldbewußtseins, jedenfalls redete ich mir das ein, indem ich zu vergleichen begann. Es war gewissermaßen eine psychische »Reparatur mit Bordmitteln«, weil ich mich einfach außerstande fühlte, mit dem vollen Bewußtsein der Schuld weiterzuleben. Die Religion konnte mir dabei keine Hilfe sein, denn die von Christus verheißene Vergebung erwies sich als nicht tragfähig genug.

Mit den Jahren und der sonstigen ablenkenden Belastung (Kriegsende, Vertreibung, Gefangenschaft, lebensgefährliche Erkrankung, Neugründung einer Existenz) verblaßten die Bilder völlig; nur noch ganz selten suchten sie mich heim in Angstträumen.

1960 wurde ich überraschend verhaftet. (Die Nürnberger und sonstigen Kriegsverbrecherprozesse hatten mich nicht berührt, da mein Tatbeitrag und ehemaliger Dienstrang in keinem Verhältnis zu den dort verhandelten Komplexen stand.) Durch die nun vorgebrachte Beschuldigung und die Verhöre mit dem Zwang zur gedanklichen Reproduktion entstanden die Bilder erneut; der Schuldkomplex wurde zu einem immer drohenderen Schatten, dessen Konturen aber verschwommen blieben. Vermutlich wirkte die Furcht vor einem unübersehbaren Schicksal dabei gravierend.

Mit dem eigentlichen Urteil kam die Identifizierung von Person und Tat und damit die Erkenntnis der Identität von Schuld und Unrecht. Allerdings erfaßte ich das erst später, und zwar nach dem Inkrafttreten des Verdiktes. Nun erschien mir meine Schuld konkretisiert, bilanziert mit x Jahren Zuchthaus, die ich abzutragen, zu tilgen hatte. Durch die öffentliche Verhandlung war das Schuldgefühl aus der Intimsphäre in den Vordergrund des Bewußtseins gezogen worden und erschien plötzlich scharf konturiert, überschaubar, war zum Unrechtsbewußtsein geworden.

Jetzt verblaßten die quälenden Bilder nicht etwa, sie waren einfach weg. Heute ist es mir fast unmöglich, sie wieder zu zitieren, was früher stets leicht gelang. Wenn ich mich jetzt dazu zwinge, so erfolgt die Reproduktion unpersönlich im Sinne einer Reportage, an der ich selbst überhaupt nicht beteiligt war. Das ist ungefähr der Zustand, den erfahrene Vollzugsbeamte die »Scheinkonsolidierung« nennen: Das Schuldgefühl als irritierendes Moment verschwindet unaufhaltsam, verliert schließlich ganz an Bedeutung.

Bei einer etwaigen Entlassung allerdings dürfte es wieder steil ansteigen, gewisse Symptome meine ich schon jetzt zu erkennen. Allerdings steht es nun in keinem Zusammenhang mehr mit den Bildern von damals oder gar den Opfern! Es ist verlagert auf meine Angehörigen, auf die Erkenntnis, diesen furchtbar geschadet zu haben, indem ich sie zu »Teilhabern« meiner Strafe gemacht habe. Ihnen, den unschuldigen Opfern, gegenüber fühle ich mich heute beladen, und zwar zunehmend, je mehr sich die Möglichkeit einer Entlassung andeutet. Solange ich mich noch in Haft befinde, kann ich gewissermaßen mildernde Umstände in Anspruch nehmen, mich auf die Plattform zurückziehen, trotz besten Willens »jetzt leider nicht zu können«. Wie aber werde ich einmal imstande sein, ihnen diese verlorene Zeit zu entgelten, mich vor ihnen zu bewähren?

Selbst wenn man die bei einer solchen Auto-Analyse fast unvermeidliche subjektive Komponente in Rechnung stellt, lassen sich daraus Schlüsse ziehen, jedenfalls die Anregung, in dieser Hinsicht weiteres empirisches Material zu sichten.

Wenn man die mannigfachen Definitionen des Begriffes »Schuld« außer acht läßt, so besteht ein Unterschied hinsichtlich des Aspektes: Der Außenstehende (der Gerechte) sieht in ihr eine konstante Größe bei dem anderen, die gebunden ist an das »Verschulden« (Delikt), in der Intensität ihrer Wirkung zwar Schwankungen unterliegt, sich aber erhalten muß, gegebenenfalls bis ans Lebensende (Bewährung).

Der Gefangene erlebt die Entstehung der Schuld, muß mit ihr leben als einem variablen Begriff mit sich ändernder Zielprojektion.

Daraus ergibt sich, daß die befreiende Wirkung einer »Wiedergutmachung« nicht gebunden ist an den Komplex der Tat und des dabei verursachten Schadens, sondern an eine Leistung zugunsten unbeteiligter Unschuldiger. Die Schuld den eigentlichen Tatopfern gegenüber ist durch die Strafverbüßung abgetragen.

Überraschend hoher Ertrag einer Sammlung im Zuchthaus Celle zugunsten contergangeschädigter Kinder.

Laufende Anfertigung von Spielgerät und dergleichen für ein Heim für geistesgestörte Kinder, Übernahme von Patenschaften für einzelne dieser Kinder durch Gefangene.

Rettung eines ertrinkenden Kindes unter Einsatz des eigenen Lebens durch einen Gefangenen.

Der Unterhalt der notleidenden Familie durch eine bessere Entlohnung der Gefangenenarbeit wird als echte Sühne empfunden, die Wiedergutmachung eines durch die Tat verursachten Schadens aber als zusätzliche Bestrafung abgelehnt. Ich kenne zahlreiche Gefangene, die monatlich die Hälfte ihres »Hausgeldes« an ihre Familie schicken, ohne daran zu denken, daß deren Notlage durch die Zuwendung von 10 bis 15 Mark nicht wesentlich gebessert wird, und sich dadurch absichtlich echte Opfer (Konsumverzicht) auferlegen, sich aber beharrlich weigern, eine Schadenersatzforderung überhaupt anzuerkennen.

Die zunächst diffuse Beklemmung, die in nahezu alle Gefühlsbereiche hineinwirkt, wird durch das Urteil konkretisiert, überschaubar und im Strafmaß berechenbar gemacht. Durch die richterliche Eingrenzung des »Un-Rechts« wird der Bereich des Schuldbewußtseins, soweit es noch an die Tat gebunden ist, fixiert und gegebenenfalls auch reduziert auf den beweisbaren Tatbestand.

Urteil: x Monate Gefängnis wegen Diebstahl eines Wagens, Freispruch aus Mangel an Beweisen im Falle des darin verübten Notzuchtdeliktes.

Der Gefangene wähnt sich viel zu hoch bestraft, aber berichtet freimütig über den beträchtlichen Lustgewinn. Freispruch = Losspruch von der Schuld.

Ein Mann, dem bekannt war, daß ich wegen eines Tötungsdeliktes im Rahmen des Kriegsgeschehens zu einer langjährigen Zuchthausstrafe verurteilt worden war, kam sich verabschieden und erklärte auf meine Frage, weshalb er denn in Haft gewesen sei: »Ach, nichts Besonderes! Ich habe nur im Suff einen totgefahren.«

Durch ministeriellen Erlaß wurden vor einiger Zeit den als Sittlichkeitstätern Verurteilten gewisse Beschränkungen auferlegt. Ein Mann erkundigt sich, ob das auch für ihn in Betracht komme. Auf die Frage, ob er denn einschlägig bestraft sei, antwortet er: Ein Sittenstrolch sei er nicht, sondern nur ein einfacher Mörder.

Abgesehen von der Möglichkeit, Lippenbekenntnissen zu begegnen, muß davor gewarnt werden, von außen her in den Gefangenen ein Schuldbewußtsein hineinzuinterpretieren.

In einer Karfreitagspredigt sprach der Anstaltsgeistliche über das Problem von Schuld und Sühne, erwähnte dabei einen Insassen, der kürzlich zu ihm gekommen sei, ihm freimütig erklärt habe, er sei tatsächlich fair verurteilt worden, habe das Verdikt sogleich angenommen. Das dadurch ausgedrückte Eingeständnis der Schuld und die Bereitschaft, die Strafe als gerechte Sühne willig auf sich zu nehmen, bedeute doch eine echte Befreiung, die Vergebung. Nach diesem Gottesdienst hörte ich zufällig einen Gefangenen zu seinem Nebenmann sagen: »Du, dieser Mann war ich. Wenn der wüßte! Ich habe vor Gericht gelogen, daß sich die Balken bogen, der Rucksack (Sicherungsverwahrung) war mir doch fast sicher.«

Wenn man den Versuch riskieren will, weitgehend im Unterbewußtsein ablaufende Regungen graphisch darzustellen, so muß man davon ausgehen, daß es eigentlich zwei Kurven sind, die divergieren:

A. Schuldbegriff (gebunden an das Delikt) sinkt vom absoluten Höhepunkt bei Rechtskraft des Urteils allmählich ab und erreicht mit Verbüßung der Strafe den tiefsten Punkt.

B. Schuldbewußtsein (auf unbeteiligte Opfer bezogen) steigt an vom Minimum beim Urteilsspruch bis zu dem Höhepunkt bei der Entlassung.

Die Sühne zu A erfolgt durch die Strafe, die zu B folgt hinterher als Bewährung.

Die von Harbordt (S. 15) aus amerikanischen Quellen zitierte U-Kurve bedarf insofern einer Nachprüfung, ob es sich dabei nicht eigentlich um zwei sich überlagernde Kurven handelt.

Die in nahezu allen Arbeiten erwähnte und auch hier bei den Insassen zu registrierende Furcht vor etwaigen Potenzstörungen nach der Entlassung sind in den meisten Fällen auf das unterbewußte Schuldgefühl der Ehefrau gegenüber zurückzuführen. Zu diesem Komplex gehört auch das Trachten danach, vermehrte Lustgefühle bei der Frau zu erzeugen als Ausgleich für die lange unverschuldete Abstinenz der Partnerin. Bei der von mir früher durchgeführten Betreuung der Spätheimkehrer war diese Furcht und Tendenz nicht erkennbar; diese Männer waren von ihrer sexuellen Leistungsfähigkeit überzeugt und mußten im Hinblick auf ihren reduzierten Allgemeinzustand eher zur Mäßigung angehalten werden (ein Schuldgefühl der Ehefrau gegenüber fehlte vollkommen).

Bei Rückfalltätern darf ein Schuldbewußtsein nicht hoch bewertet werden, meist sind derartige Äußerungen Lippenbekenntnisse. Durch die mindestens einmal bereits erlebte Konkretisierung und Identifizierung von Schuld und Unrecht ist es zu einer Art Einsatz (Risiko) im Zweikampf mit Polizei und Gesellschaft geworden. Nach erfolgter Festnahme ist das Spiel eben wieder verloren, etwa nun einsetzende Schuldprojektionen sind nichts als die Erkenntnis, Fehler gemacht zu haben.

Da jede generelle Beurteilung dieser so überaus vielschichtigen Zusammenhänge innerhalb einer derart heterogen zusammengesetzten Gruppe von Menschen problematisch bleibt, bedürfen diese Hypothesen einer weiteren Nachprüfung, sie sollten nur als Anregung hierfür gewertet werden.

5. Religion und Kirche

Neben Gottesdienst und Bibelstunde hat die Kirche noch weitere Möglichkeiten, um auf den Gefangenen einzuwirken, ihn zu Gott hinzuwenden. Wenn der seelsorgerische Effekt in den meisten Fällen auch unbefriedigend ist, so liegt das sicher nicht an dem guten Willen der damit Befaßten.

Eine bemerkenswert massive Pression stellte das sogenannte pennsylvanische System dar, nach dem fast alle Anstalten hierzulande errichtet worden sind, welches vorsieht, den Gefangenen tunlichst in Einzelhaft zu halten und ihm als Lesestoff allein die Bibel zu überlassen. Dieses Stadium ist mittlerweile längst überwunden, doch findet man gelegentlich noch Relikte dieser Tradition, wie etwa die Vorschrift, dem Arrestanten (Hausstrafverfahren) lediglich die Heilige Schrift als Erbauungslektüre zu genehmigen. Ein mir gut bekannter Anstaltsgeistlicher wunderte sich, daß diese Lösung offenbar doch nicht so unbeliebt war, denn man verlangte fast regelmäßig beide Teile, das Alte und das Neue Testament. Ein junger Mann offenbarte ihm später den Grund: »Im AT stehen so schöne Sittengeschichten drin.«

In den meisten Gerichtssälen hängt an der Wand hinter dem Vorsitzenden ein Kruzifix; der Angeklagte wird buchstäblich mit ihm konfrontiert. Die Absicht bedarf keiner weiteren Erklärung, der Effekt aber ist ganz anders, als man erwartet. Für den »armen Sünder« ist es ein augenfälliges Symbol der Synthese zwischen Kirche und Staat (Justiz), eine Art Hoheitszeichen. Das Urteil wird somit auch im Namen Christi gesprochen, der seinerseits die Vergebung aller Schuld verheißt. Da der irdische Richter in der Regel nicht vergeben kann, oft genug nicht einmal Milde walten lassen darf, wird die Vergebung als Begriff so abstrahiert, daß sie von dem einfachen Menschen nicht mehr erfaßt werden kann. Gar leicht unterliegt er einem Trugschluß: Wenn

Staat und Kirche nicht gnädig sind, dann ist es Gott auch nicht, dann stimmt alles nicht, was davon geschrieben wurde.

Wochenlang beobachtete ich einen jungen Gefangenen, der im Gottesdienst stets vor mir saß. Sobald sich die Gemeinde zum Gebet erhob, stand er zwar gleichfalls auf, doch legte er ostentativ beide Hände auf den Rücken und starrte hinauf zu dem großen Kruzifix. Auf meine Frage, weshalb er überhaupt in die Kirche gehe, wenn er offenbar die Religion ablehne, gab er zur Antwort: »Ich muß doch Jesus auf mich aufmerksam machen, ihn daran erinnern, daß ich auch noch da bin« (Hilfsschüler an der Grenze der Debilität).

Der junge Bursche drückte auf seine primitive Weise das aus, was demoskopische Untersuchungen bestätigt haben: Weit mehr Menschen, als man angenommen hatte, glauben noch an die Vater-Gestalt Gottes, auch wenn sie es nicht gern offen zugeben. Gerade Kinder aus gestörten Familienverhältnissen sehnen sich nach dem Vatersymbol als Ausgleich für das Fehlen oder Versagen des leiblichen Erzeugers. Dabei wird hauptsächlich an den väterlichen Schutz und Beistand gedacht. Das gilt besonders für labile Gefangene, die sich unter dem Zwang schutzlos fühlen und irgendwo die Geborgenheit suchen.

In fast allen Strafanstalten ist es üblich, den Insassen kirchliche Zeitungen als unentgeltlichen Lesestoff zur Verfügung zu stellen, was auch allgemein dankbar angenommen wird. Nun enthalten aber heutzutage fast alle diese Blätter oft seitenlange Abhandlungen über die unterschiedlichen theologischen Richtungen. Für die Außenwelt sind das gewiß nützliche Auseinandersetzungen, für den steuerlos treibenden Gefangenen aber ist die wenigstens äußerlich intakte Einheit von Theologie und Kirche eine unabdingbare Voraussetzung, um an die Einheit von Gott und Kirche glauben zu können. Je mehr jetzt von »berufener Seite« Zweifel an der althergebrachten Gestalt Gottes geäußert werden, desto unaufhaltsamer wird die Religion zur Wissenschaft, zur Doktrin, und kann ihre eigentliche Aufgabe, ein Hort in bitterster Gewissensnot zu sein, nicht mehr erfüllen. Der Gefangene, reduziert auf das rein Kreatürliche, weiß, daß er seine mißliche Lage bis auf weiteres nicht ändern kann, und möchte daher an irgend etwas glauben können. Wird er in dieser Hinsicht verunsichert, sieht er schließlich in der Kirche nur noch die »Gewerkschaft Gottes«, wie mir ein junger Mann einmal voll Bitterkeit erklärte.

Das Fundament der Moral-Theologie sind die Zehn Gebote. Sie stellen eine Einheit dar; wenn man gegen eines der Zehn Gebote verstößt, versündigt man sich gegen den Kodex als solchen. »Du sollst nicht stehlen«, »Du sollst nicht töten«, so wird dem Gefangenen zugerufen und er wird auf das Verwerfliche seines Tuns hingewiesen. In den Massenmedien ist aber immer häufiger die Rede von Gruppensex und Partnertausch. Wer die Verhältnisse draußen nur aus Schilderungen zur Kenntnis nehmen kann, der muß annehmen, daß niemand etwas gegen diese Praktiken einzuwenden hat. »Du sollst nicht ehebrechen«, »Du sollst nicht begehren Deines Nächsten Weib ...« Angesichts dieser Diskrepanz wird jeder Hinweis auf die eigene Sündhaftigkeit fragwürdig.

Manche ältere, nicht direkt in der Anstaltsseelsorge tätige Geistliche sehen ihre Aufgabe darin, den Gefangenen ständig auf seine schwere Schuld hinzuweisen, ihn damit zu bewegen, die Strafe als verdiente Sühne willig auf sich zu nehmen, um ihm dadurch die Gewissenslast zu erleichtern. Das mag gut gemeint sein, gedacht als echte Hilfe, doch sollte man nicht außer acht lassen, daß Schuldbewußtsein und Schuldkomplex nicht dasselbe sind. Wer zu lange gefesselt wird an seine Schuld, der wird sich schließlich gar nicht mehr davon lösen können, wird untauglich für das Leben werden.

Ein junger Mann, zu fünfzehn Jahren Zuchthaus verurteilt, flüchtete bei einer Ausführung, obgleich er mit einiger Sicherheit damit rechnen konnte, nach einem weiteren Jahr auf Bewährung entlassen zu werden. Wenige Stunden später wurde er an der Stelle von Spaziergängern fast leblos gefunden, wo er mehr als neun Jahre zuvor seine Freundin tötete. Er kam mit lebensgefährlicher Barbiturat-Vergiftung ins Krankenhaus.

Hoppensack hat ermittelt, daß 67% der Probanden regelmäßig am Gottesdienst teilnehmen (S. 80). Dieser Wert dürfte auch für das Zuchthaus Celle gültig gewesen sein, solange auch hier der traditionell harte Vollzug praktiziert wurde mit der weitreichenden Isolierung der Insassen untereinander. Mit fortschreitender Liberalisierung allerdings sank die Zahl der Besucher eines Gottesdienstes rapide (ohne Wechsel des ungemein beliebten Geistlichen) und dürfte heute bei etwa 10% liegen. Es war der Anreiz der allein noch möglichen Kommunikation entfallen. Für den Einzelhäftling aber ist diese beinahe lebensnotwendig, so daß die von Siebert bemerkte prozentuale Zunahme des Gottesdienstbesuches bei dieser Gruppe eine ganz natürliche Erklärung findet. In der Einführung habe ich bereits angedeutet, aus welchen sonstigen Gründen man noch am Gottesdienst interessiert sein kann.

Die Mehrzahl der infantilen und damit labilen Insassen ist bekanntlich leicht destruktiv beeinflußbar. Ein einziger zielbewußter Atheist kann heute, gestützt auf Argumente aus »berufenem Munde«, ganzen Gruppen von jungen Männern die Religion in Frage stellen (Religion ist Opium für das Volk). Andererseits sehen aber auch kleine Sekten und nicht-christliche Religionsgemeinschaften in diesen Verhältnissen Möglichkeiten der Mission. Mannigfach sind die Offerten, die dem dahintreibenden Gefangenen gemacht werden, wobei nicht selten der statistisch nachweisbare Seelenfang das eigentliche Motiv der Besucher ist. Doch auch echte religiöse Fanatiker sehen hier eine Chance.

Eines Tages besuchte mich die Angehörige einer winzigen Sekte unter dem Vorwand, mich bereits früher konfessionell betreut zu haben. Sie erklärte, eine Braut Christi zu sein und allnächtlich seine Weisungen zu erhalten. Auch ich sei nun auserwählt und möge mich reinigen durch ein rückhaltloses Bekenntnis meiner Schuld.

Geboten wird in der Regel ein elitäres Bewußtsein, die für die Außenwelt längst fragwürdig gewordene Verheißung des ewigen Lebens im Paradies, welches nur für eine beschränkte Anzahl Auserwählter zugänglich ist. Wer sich ausgestoßen fühlt aus der Gesellschaft, der ist besonders empfänglich für derartige Thesen, die ihm einen Ausgleich bedeuten.

Allen erfahrenen Anstaltsgeistlichen ist dieses alles längst bekannt, sie wissen, daß Seelsorge im eigentlichen Sinne der Halt ist, den sie den Insassen geben können, und handeln danach.

Diese Darstellung ist insofern einseitig, als sie sich vornehmlich auf Beobachtungen und Erfahrungen im evangelischen Bereich stützt. Für eine Beurteilung des katholischen Aspektes fehlen mir die Voraussetzungen.

6. Briefe und Besuche

Abgesehen von den relativ seltenen und meist auch zeitlich fühlbar begrenzten Besuchen stellt der Briefverkehr die wesentlichste Kommunikationsmöglichkeit mit der Ehefrau oder Verlobten dar. Besuche werden seitens der Anstalt überwacht, desgleichen die eingehende und ausgehende Post, letztere wird mit einem Zensurstempel versehen.

Die überwiegende Mehrzahl der Insassen kann nur sehr schwer davon überzeugt werden, daß gerade Frauen einfach Hemmungen haben, sich einem Brief ganz anzuvertrauen, von dem sie wissen, daß er gelesen wird, und zwar von fremden Männern, obgleich diese von Amts wegen zum Schweigen verpflichtet sind. So kann es kaum ausbleiben, daß wenigstens die ersten Briefe von zu Hause oberflächlich wirken. Der Gefangene, der aber gerade in diesem Stadium besonders angewiesen ist auf Zuneigung und die Gewißheit, nicht völlig verlassen zu sein, ist bitter enttäuscht, wähnt eine sich anbahnende Distanzierung zu erkennen und antwortet entsprechend vorwurfsvoll. Die Reaktion der Gegenseite ist Gekränktsein ob eines ungerechtfertigten Mißtrauens, ein noch kälterer Brief, der nun erst recht gehemmt ist wegen der Zensurbestimmung. Nicht selten beginnt auf diese Weise eine von keiner Seite gewollte Eskalation, die mit der Scheidung endet.

Tagträume sind ein häufig geübter Ersatz für die verlorene Freiheit, in diesem Zusammenhang führt eine exzessive Phantasie oft dazu, daß aus einer an sich belanglosen Bemerkung in einem Brief der Ehefrau eine potentielle Gefahr herausgelesen wird, der man zunächst einmal zu begegnen sucht im Sinne des »mir kannst Du nichts vormachen«. Empfangene Briefe werden nämlich immer wieder gelesen (bis zu sechsundzwanzig mal!) und dabei so eingehend analysiert wie diplomatische Noten, wobei meist übersehen wird, daß sowohl Absender als auch Empfänger (in diesem Falle der Gefangene) Stimmungen unterliegen, daß der Inhalt eines Briefes morgens vor Beginn eines eintönigen Arbeitstages anders wirkt als abends, wenn man sich der gedanklichen Zweisamkeit in der Phantasie der Nacht hingeben kann.

Begeht der Gefangene die Unvorsichtigkeit, seinen Argwohn den Zellengefährten gegenüber zu artikulieren, fangen diese alsbald an, eigene Erfahrungen mit Frauen beizusteuern, die gewöhnlich negativer Art sind, weil ja das fast chronische Mißtrauen die gemeinsame Ausgangslage bildet. Junge Männer berichten von tatsächlich oder angeblich erlebten Parties, bei denen der Begriff »eheliche Treue« oft weit großzügiger interpretiert wird, als man wahrhaben will – jedenfalls unter dem Aspekt der eigenen, wenn auch erzwungenen Standfestigkeit. Andere Gesprächspartner vertreten die Ansicht, daß eine Frau allein aus physiologischen Gründen über einen längeren Zeitraum hinweg gar nicht treu sein kann. Ein von derartigen Impulsen beeinflußter Antwortbrief fällt gewöhnlich entsprechend verletzend aus.

Einer Mutter, deren (wenn auch längst erwachsenes) Kind in Not geraten ist, fällt es längst nicht so schwer, die Zensur einfach aus ihrem Denken zu verdrängen. Sie schreibt, wie es ihr ums Herz ist, was überaus dankbar empfunden wird. Nur – nicht immer ist das Verhältnis zwischen Schwiegermutter und Schwiegertochter ungetrübt, und manche Mutter wird unter solchen Verhältnissen jetzt versuchen, verlorenes Terrain zurückzugewinnen, wird im selbsterteilten Auftrag die jüngere Frau (die Rivalin) ein wenig überwachen und darüber dem Sohn berichten. Sie wird aus dessen Antwortbrief der Schwiegertochter gegenüber ein Geheimnis machen, auch wenn nichts dergleichen darin enthalten ist, einfach um sich selbst zu beweisen, welch köstlichen Besitz sie nach wie vor ihr eigen nennt: das Vertrauen ihres Kindes. Aber gerade diese wenn auch rein menschlich so verständliche Geheimnistuerei macht die junge Frau mißtrauisch, wähnt sie doch ihre tatsächliche und in der Regel auch beschwerliche Treue übel belohnt. Die meisten Krisen an sich stabiler Ehen sind auf diese Ursachen zurückzuführen, die ausschließlich auf sexueller Basis begründeten scheitern ohnehin infolge der langen Trennung.

Eine weitere, allerdings meist erst später zu beobachtende Noxe entsteht, wenn die unerschütterlich zu ihrem Gatten stehende Frau, daran gewöhnt, all ihre Sorgen mit ihm zu teilen, ihn auch während der Haftzeit um Rat angeht. Zwar ist sie sich bewußt, letztlich doch selbst entscheiden zu müssen, doch will sie ihm einen Halt geben, indem sie ihm beweist, wie sehr sie ihn braucht, immer noch auf ihn angewiesen ist. So bittet sie um Rat in einer Situation, die sie in ihren Grundzügen auch bei ihm als bekannt voraussetzt und daher nicht weiter erläutert. Spätestens nach ein bis zwei Jahren der Abgeschiedenheit im Gefängnis aber hat der Mann weitgehend den Kontakt zu der so schnell sich wandelnden Außenwelt verloren, wird sich durch die Frage dessen bewußt und muß nun bekennen, wie nutzlos, wie wertlos er als Ratgeber geworden ist. Oder er wähnt immer noch die Lage zu übersehen und erteilt einen schlechten Rat, was letztlich zu dem gleichen Ergebnis bei ihm selbst führt. Vielfach reagiert der nervlich ständig überreizte Gefangene auf einen derartigen Brief mit dem Vorwurf, ihn doch nicht mit »solchem Dreck« zu belästigen, er habe es ohnehin schwer genug. Er tut das nur, um seine eigene Ratlosigkeit zu tarnen, die Wirkung auf die Frau braucht nicht weiter ausgeführt zu werden.

Briefe werden gar nicht so selten zu einer ganz infamen Form der Rache benutzt, falls man dem anderen den letzten Halt zerstören will. Man beauftragt einen Bekannten draußen, in einem Schreiben beiläufig zu erwähnen, er habe Frau X. in dieser oder jener Bar getroffen. Selbst wenn das völlig aus der Luft gegriffen ist oder keinerlei Bedeutung hat, wirkt es als »dokumentarischer« Beweis für einen Mann, zu dessen zweiter Natur das Mißtrauen geworden ist.

Besuche sind Höhepunkte im Dasein des Gefangenen,

doch weiß jeder erfahrene Vollzugsbeamte um die darauf folgenden Stunden der Erschöpfung, Zerknirschung und Erregbarkeit. Die seelische Belastung ist ungeheuer. Wer es nicht selbst erlebt hat, kann nicht ermessen, was es bedeutet, sechs lange Wochen keine Frau gesehen zu haben, ihr dann plötzlich »auf Tuchfühlung« nahe zu sein, im vertrauten Gespräch mit ihr verbunden, und sie dann nach einer halben Stunde wieder verlassen zu müssen.

Eine Frau, die genötigt ist, ihr Sehnen vom sexuellen ausschließlich auf den erotischen Bereich zu verlagern, erwartet von dem Wiedersehen die Befriedigung der intimen Zwiesprache. Bedrückt von der Gegenwart des Beamten spricht sie leise, nicht etwa, um etwas zu verbergen, sondern einfach, um jenen nicht teilhaben zu lassen an dieser Unterhaltung.

Der Mann, der sich dieser Zusammenhänge nicht bewußt ist, sieht sich genötigt, angestrengt zu lauschen, muß vielleicht sogar Zwischenfragen anbringen und hat das peinigende Gefühl, seine eigene Frau nicht mehr zu verstehen. Unwillkürlich und bei seinem Erregungszustand nur zu begreiflich spricht er lauter, macht ihr vielleicht sogar Vorwürfe und ahnt nicht, daß er sie damit zu einer Art psychischem Striptease zwingt.

Umarmung und der Austausch eines Kusses sind in der Regel verboten. Man mag darin eine unbillige Härte sehen, leider wird jedoch ein diesbezügliches Entgegenkommen oft genug mißbraucht (mir sind mehrere Gefangene bekannt, die es fertig brachten, jeweils beim Kuß eine zusammengerollte Banknote von ihrer Frau zu empfangen; ein anderer holte aus dem Dekolleté der Gattin bei der innigen Umarmung ein ganzes Transistorgerät).

Einem Mann bedeutet so ein hin und wieder zugelassener »oberflächlicher« Kontakt nicht allzu viel, allenfalls irritiert er seine angestaute Libido. Für die Frau aber ist er als Substitut für eine Kohabitation von unerhörter Bedeutung.

Ein junger Gefangener klagte, der kürzlich erfolgte Besuch habe in beiderseitiger Mißstimmung geendet, man sei im Unfrieden auseinander gegangen. Er habe dieses Mal seiner Frau nur die Hand gereicht, weil er sich die einem Kuß folgende Erregung nicht habe leisten können. Darauf habe seine Frau ohne ersichtlichen Grund angefangen zu weinen und ihm unterstellt, daß er sie nicht mehr liebe. Das habe er wild abgestritten, weil es in keiner Weise zutreffe, ein Wort habe das andere gegeben, die Lage sei nur noch durch die Intervention des gutmütigen Beamten zu retten gewesen. Nun stehe eine letzte Aussprache bevor, dann sei aller Voraussicht nach die Ehe zerstört.

Er ließ sich beraten, nahm beim nächsten Mal seine Frau wieder in den Arm und – es bedurfte keiner »letzten Aussprache« mehr.

Je seltener ein Besuch erfolgen kann, desto höhere Erwartungen werden beiderseits daran geknüpft. Der seelisch »entwurzelte« Gefangene sucht einen Halt und Verständnis, wenn er bewegt sein Mißgeschick beklagt, vielleicht sogar ein wenig übertreibt, um darzulegen, wie schwer er es hat. Die Frau ihrerseits sucht gleichfalls einen Halt, um sich weiterhin allein behaupten zu können, und hofft, sich wenigstens um ihren Mann nicht allzu sehr sorgen zu müssen. So zehren beide voneinander, ohne sich etwas zu geben, und fühlen sich anschließend entleert. Die sooft zu beobachtende vermehrte Reizbarkeit des Gefangenen nach einem Besuch hat neben dem latenten Schuldgefühl darin ihre Ursache; je verhärmter die Frau schließlich wirkt, desto wilder wird der Mann gepackt, ohne Abhilfe schaffen zu können.

Auf viele Frauen wirkt der Beamte in seiner Uniform geschlechtslos unpersönlich, sie haben es am leichtesten. Andere wieder finden im Laufe jahrelanger Gewohnheit zu ihm ein menschliches Verhältnis, etwa vergleichbar dem, mit welchem man dem Hotelier im gewohnten Kurort begegnet. Doch gibt es auch sensible Naturen, welche in der Uniform das Symbol der übermächtigen Autorität schlechthin sehen und der Gutmütigkeit des Beamten schnippisch, fast haßerfüllt begegnen, was diesen begreiflicherweise verstimmt. Es sind das übrigens meist die Frauen, welche ihre Ehe gegen den Rat und den Willen der Familie dennoch aufrechterhalten wollen.

7. Tagträume

Je enger die Grenzen der Freiheit und damit die Möglichkeiten echten Erlebens gezogen sind, desto grenzenloser wuchert die Phantasie. Sie beginnt während der Haft alsbald, die Selbstdarstellung einer gestörten Persönlichkeit mit allerlei schmückendem und respektheischendem Beiwerk zu umranken. Man versetzt sich so intensiv in eine »Traumrolle«, bis man sich selbst völlig mit ihr identifiziert. Das hemmungslose Schwelgen in ersehnten und erträumten leiblichen Genüssen ist bekanntlich die typische Reaktion auf eine quälende Mangellage; mit wesentlich verbesserter Versorgung schwindet es fast von allein. Zum besseren Verständnis soll versucht werden, den Sammelbegriff »Tagtraum« zu unterteilen und hinsichtlich Entstehung und Ablauf zu analysieren:

Am weitesten verbreitet ist die kritiklose *Übertreibung* des eigenen Verhaltens in der Vergangenheit. Vornehmlich während der ersten Monate der Haft heroisiert man sich selbst, hat angeblich dem Gericht oder auch nur einem der Vollzugsbeamten »wieder einmal gewaltig Bescheid gesagt«, wenn es in Wirklichkeit auch nur ein klägliches Gestammel gewesen ist. Da der Erzähler bereits nach mehrfacher Wiedergabe fest an sein Phantasiegebilde zu glauben beginnt, reagiert er gewöhnlich gereizt, wenn man ihn der Unwahrheit zeiht. Mangels anderer Argumente kommt es dabei häufig zu einem handfesten Streit.

In den Monaten vor der Entlassung und zwar progressiv, je näher der Termin rückt, träumt man von den »tollen Dingen«, die man draußen sogleich drehen wird, schwelgt geradezu in Munitionsverbrauch der Maschinenpistole und sucht damit lediglich die ängstliche Unsicherheit angesichts der großen Unbekannten, der Freiheit, zu überspielen. Derartige Tagträume werden fast nie realisiert, persönliche Hemmungen und gewöhnlich auch Feigheit verhindern es.

Eine weitere Erscheinungsform ist die *Reproduktion.* Während sich die Übertreibung fast immer artikuliert zu erkennen gibt, sei es im Kreise der Zellengefährten, sei es in Selbstgesprächen auf der Einzelzelle, erfolgt die Reproduktion lautlos. Man entsinnt sich genußvoll eines bestimmten Erlebnisses und durchwandert es in der Phantasie nochmals (drei- bis viermal an einem einzigen Abend, wenn man nicht einschlafen kann), wobei man absichtlich den Wahrheitsgehalt variiert, denn die Würze der betreffenden Episode stellt den Effekt dar, nicht die peinlich korrekte Wiedergabe. Bei der Reproduktion handelt es sich keinesfalls immer um die Heroisierung der eigenen Person, ebenso häufig kommt ein unterbewußter Masochismus zur Geltung: Man kokettiert mit dem eigenen Leid. Bei der Bewertung von Zeugenaussagen von Gefangenen, die lange Zeit in Haft waren, sollte man diesen wenn auch unbeabsichtigten Aspekt stets berücksichtigen. Die Wirkung solch ständig wiederholter Reproduktion kann nämlich sehr nachhaltig sein.

Auf Veranlassung meines Anwaltes fertigte ich einen Bericht über eine Begebenheit an, die nur mittelbar mit dem Gegenstand der Anklage in Zusammenhang stand (Zwischenfall bei der polizeilichen Vernehmung). Die Niederschrift erfolgte unmittelbar danach, eine Abschrift legte ich zu meinen sonstigen Papieren, vergaß sie alsbald. Nachdem ich in der Zwischenzeit jene Begebenheit viele Male immer wieder gedanklich reproduziert hatte, hatte sich ihr vermeintlicher Verlauf unmerklich verschoben. Viele Monate später kam mir die ursprüngliche schriftliche Wiedergabe nochmals zu Gesicht, ich las sie verblüfft und – bin seither überzeugt davon, damals unter einer Schockwirkung eine ganz abwegige Darstellung gegeben zu haben.

Als dritte Gruppe kommt der *Zieltraum* vor, die wohl primitivste Form des gewollten Tagtraumes. Man hat kaum aufregende Erlebnisse gehabt, fühlt sich aber angeregt durch die Erzählungen anderer oder auch durch stimulierende Lektüre. Man katapultiert sich selbst einfach in ein fremdes Erlebnis, erfindet beispielsweise in einem Sensationsprozeß eine Nebenrolle für sich selbst oder wenigstens die Bekanntschaft mit einer der Hauptpersonen, nicht selten auch mit etwaigen Opfern.

Als der Mord an einer bekannten Prostituierten verhandelt wurde, behaupteten mir gegenüber, unabhängig von einander, allein vier Männer in dieser Anstalt, der Zuhälter dieses Mädchens gewesen zu sein. Da sie sämtlich annähernd die gleiche Zeitspanne angaben, konnte es nicht gut zutreffen. Zwei der Männer hatten sich später derart mit dieser »Rolle« identifiziert, daß sie anfingen, diesbezügliche Memoiren zu schreiben, die ich dann redaktionell bearbeiten sollte. Mehr als zehn Seiten sind es in keinem Falle geworden.

Der Zieltraum darf nicht verwechselt werden mit dem heimtückischen Ausforschen des anderen in der Absicht, später einmal dessen Rolle zu übernehmen.

Weniger verbreitet ist die *träumerische Wiederholung* eines tatsächlich erlebten Geschehens. Menschen, die vielfältige Erlebnisse hatten, können es sich leisten, auf Wiederholungen und Retuschen zu verzichten; sie durchwandern nochmals ihr bisheriges Leben, um sich abzulenken von dem reizlosen Tagesablauf. Diese Wiederholungen äußern sich teils stumm, teils werden sie artikuliert in Selbstgesprächen auf der Einzelzelle, aber auch als Erzählung, wobei man oft nicht nur anteilnehmende Zuhörer, sondern auch stille Teilhaber hat (s. ›Die Rolle des Neulings‹).

Eine andere Form des Tagtraumes ist wenig bekannt aber ziemlich verbreitet. Nicht genügend ausgelastet durch die stumpfsinnige Arbeit sucht nicht nur bei Intellektuellen der Geist nach ausgleichender Betätigung. Dabei verbindet man die inzwischen liebgewordene Form des Tagtraumes mit gedanklichem Training und veranstaltet mit sich selbst *geistige*

Sandkastenspiele. Man stellt sich eine Aufgabe, die bewußt ganz abwegig gehalten ist, und verzichtet bei der angestrebten Lösung auf jede persönliche Glorifizierung, bleibt bewußt realistisch und unterbewertet eher die eigene Mitwirkung, als daß man sie zu hoch veranschlagt. Dann beginnt man mit der methodischen Vorarbeit, der Erstellung einer Ausgangslage, die sämtliche Details in lokaler und personeller Hinsicht erfaßt, wobei man meist aus naheliegenden Gründen im Bereich des bekannten Milieus bleibt. Notizen werden nicht gemacht, können auch gar nicht gemacht werden, weil die Übung im Dunkeln abläuft, nach Abschalten der Beleuchtung um 21 beziehungsweise 22 Uhr. Nun wird das Vorhaben bis in alle Einzelheiten vorgeplant und immer wieder erbarmungslos korrigiert, bis man das gesteckte Ziel vermeintlich narrensicher erreichen kann. Eine derartige Gedankenarbeit mit dem Zwang, die eigene Merkfähigkeit bis zum äußersten anzuspannen, währt oft monatelang, weil man immer wieder darüber einschläft und am nächsten Abend zunächst einmal alles Vorhergedachte rekapitulieren muß. Es liegt darin in der Tat eine ausgezeichnete Schulung und Abwehrmaßnahme gegen die sonst unausbleibliche geistige Erschlaffung, und – es ist außerdem ein höchst wirksames Schlafmittel. Ich selbst war nicht wenig stolz auf diese Erfindung, bis ich erfuhr, daß erfahrene Berufsverbrecher längst das gleiche tun und lediglich aus naheliegenden Gründen darüber schweigen. Wenn man dieses geistige Sandkastenspiel nur als Ablenkung betreiben würde, wäre es nachahmenswert. Eine Gefahr besteht aber darin, daß der Mann später die »Probe aufs Exempel« machen will, um nicht ganz umsonst die Mühe aufgewandt zu haben. Derart vorgeplante Vorhaben gelingen meist sogar zunächst, scheitern dann allerdings ebenso oft daran, daß sich eben nur die Vorbereitung und Ausführung programmieren läßt, daß man aber beim »Rückzug« auf Improvisationen angewiesen ist, auf spontane Reaktionen. Die Fähigkeit dazu erlahmt jedoch im gleichen Verhältnis, wie man sich zur straffen Methodik zwingt. Solche Sandkastenspiele sind bei Gewohnheitstätern durchaus ernst zu nehmen, sie sind aber nicht zu verwechseln mit dem bereits erwähnten Bramarbasieren sogenannter »kleiner Eierdiebe« kurz vor der Entlassung.

8. Sexualität und ihre Probleme

Sonderbarerweise sind auch heute noch weite Kreise der Auffassung, man könne durch den Entzug der Freiheit das geschlechtliche Triebleben einfach abschalten oder doch wenigstens umfunktionieren in Sühnebereitschaft und Besserungswillen; wer von dieser Chance keinen Gebrauch mache, sei selbst schuld, denn die Strafe sei als »Übel« gewollt.

Da gerade das sexuelle Verhalten zu der geheimsten Intimsphäre gehört und sich allenfalls artikuliert in detaillierten Angaben über besondere Leistungen früherer Promiskuität, ist die Behörde meist angewiesen auf Vermutungen, die je nach der persönlichen Einstellung des betreffenden Beamten von außen her in die Gefangenen hineinprojiziert werden. (Wem homosexuelle Kontakte ein Greuel sind, der bemerkt sie nicht, weil er sie für unvorstellbar hält, oder er wittert hinter jedem Vorhang verabscheuungswürdige Vorkommnisse.) So galt bis vor etwa zwei Jahren in den Strafanstalten dieses Landes die unabdingbare Vorschrift, jeweils entweder ein oder drei Männer auf einer Zelle unterzubringen, unter keinen Umständen aber deren zwei. Diese Maxime wurde derart prinzipiell eingehalten, daß sogar mitten in der Nacht ein dritter Mann zu zwei anderen verlegt wurde, weil der bisherige Mitgefangene beispielsweise unerwartet ins Lazarett geschafft werden mußte. Das sei unerläßlich, um der ekelhaften Homosexualität wirksam begegnen zu können, erklärte mir dazu ein höherer Beamter. Ein anderer meinte, der Staat müsse unbedingt darauf bedacht sein, nicht durch Begünstigung der widernatürlichen Unzucht als Kuppler zu erscheinen.

Während der U-Haft begehrte ich einmal, eine Dose Nivea-Creme kaufen zu dürfen, was kompromißlos abgelehnt wurde mit der Begründung, solche Creme könnte möglicherwei-

se als »Gleitmittel« Anwendung finden und müsse daher grundsätzlich verboten bleiben. Als ich einige Tage später dem Häftlingsfriseur mein Leid klagte (mangelhafte Hautpflege), verstand dieser mich offenbar ganz falsch und offerierte eine Spezialgleitcreme, von deren Existenz ich überhaupt keine Ahnung hatte.

Schon diese wenigen Angaben zeigen, wie naiv seitens der Behörde ein Problem gehandhabt wurde, welches man zwar erkannt hatte, aber am liebsten nicht zur Kenntnis genommen hätte. Nicht zuletzt von daher sind die spärlichen Anmerkungen in der Fachliteratur zu erklären.

Es sind eigentlich zwei Probleme, wenn sie auch hinsichtlich der Kausalität (Freiheitsentzug) zusammengehören und sich unter den Lebensbedingungen der Haft vielfältig überlagern können.

A. Verlust der heterosexuellen Kontakte

Mit einer Intensität sondergleichen ist während der letzten Jahre eine Sexualisierung fast des gesamten Lebens über Menschen hereingebrochen, die dazu erzogen wurden, Promiskuität mindestens als zweifelhaft, wenn nicht sogar verabscheuungswürdig anzusehen. Die sich daraus ergebenden Spannungen, enthemmte Hemmungen, übersteigertes sexuelles Selbstbewußtsein als neues Statussymbol bei gleichzeitiger Verunsicherung angesichts des in den Massenmedien herausgestellten »Super-Mannes«, die Verdrängung der Erotik durch eine Rezeptur des Liebeslebens sowie eine sexuelle Emanzipation der Frau vom »rätselhaften Wesen« bis hin zur übersichtlich gewordenen biologischen Funktion, all diese Konfliktstoffe bleiben naturgemäß nicht außerhalb der Gitter, sondern strömen mit den Neuzugängen herein und prallen hier auf länger einsitzende Gefangene, die auf ihre wild wuchernde Phantasie angewiesen sind und nun mit dieser das Geschehen in der Umwelt zu erfassen versuchen. Weit mehr als früher ist daher heute die Bindung an eine Frau (nicht unbedingt ein regelmäßiger sexueller Kontakt) eine unabdingbare Voraussetzung für die Anerkennung als Mann, muß gegebenenfalls eine solche Bindung unter allen Umständen aufrecht erhalten werden. Jedem Zensor der Gefangenenpost sind die mannigfachen kindlichen Verzierungen der Briefe durch aufgeklebte oder gemalte Blümchen, Herzchen und dergleichen bekannt. Selbst in ihrem sonstigen Verhalten durchaus robuste Männer obliegen oft stundenlang dieser Beschäftigung, und wenn man sie darauf anspricht, hört man immer wieder: »Sie muß doch bei mir bleiben.« Neben dem bereits erwähnten latenten Schuldgefühl ist es nun die Sorge, als Mann »das Gesicht zu verlieren«.

Aufschlußreich ist in diesem Zusammenhang die nun in Celle erlaubte Aufgabe von Heiratsinseraten als Hilfsmittel, der drohenden Vereinsamung zu begegnen, eine Möglichkeit, von der reichlich Gebrauch gemacht wird. Abgesehen von den Fällen, wo ein Alleinstehender eine echte Briefpartnerschaft sucht mit der Möglichkeit einer später intensivierten Bindung, sind es meist die weiblichen Antwortbriefe mit Bild, die vornehmlich interessieren. Fast täglich erlebe ich es, daß man mir das Photo einer noch jungen Frau zeigt mit der in herablassendem Besitzerstolz vorgebrachten Bemerkung: »meine Frau« oder »meine Alte« (Knast-Jargon). Mehrfach schon entdeckte ich bei eingehender Besichtigung, daß es sich da offensichtlich um zwei verschiedene Frauen handelt, die sich nur scheinbar ähnlich sind, wobei die eine in knappem Bikini, die andere komplett bekleidet abgebildet ist. Bei oberflächlicher Betrachtung, und eine solche wird in der Regel nur zugelassen, könnte man sich tatsächlich täuschen lassen. Die Vielzahl der eingehenden Antworten ermöglicht eine derartige Kombination verhältnismäßig leicht, sind es doch fast immer mehr als ein Dutzend. In einem Falle bekam ein junger Gefangener sechsundfünfzig Angebote auf einmal zugeschickt! Die dadurch so eindeutig belegte Nachfrage kommt dem Selbstverständnis der Männer natürlich entgegen, es kann gar nicht ausbleiben, daß nicht benötigte Briefofferten zu einer begehrten Handelsware geworden sind. Die überraschend rege Aufmerksamkeit, die solche Inserate bei den Frauen finden (sie müssen sämtlich kenntlich machen, daß sich der Inserent zur Zeit in Haft befindet), läßt sich in drei Gruppen einordnen:

a) Spekulation auf anhaltende Dankbarkeit und damit dauerhafte Bindung (meist enttäuschte, noch sehr junge Frauen nach gescheiterter Ehe, ein bis zwei Kinder);

b) echte Hilfsbereitschaft (häufig ältere, oft körperbehinderte ledige Frauen, die lange in der Krankenpflege oder dergleichen tätig waren, fast immer betont kirchlich eingestellt);

c) Suche nach dem »Super-Mann« von ledigen Frauen, die nach mannigfachen Abenteuern ihn im Kreise der Rechtsbrecher zu finden hoffen, in einer Gruppe, deren Mitglieder den Mut aufbrachten, sich gegen die Omnipotenz einer ganzen Gesellschaft aufzulehnen.

Die sonst noch vorkommenden Motivationen können unbeachtet bleiben, weil sie nicht repräsentativ sind.

Es ist unausbleiblich, daß dem Ehering als sichtbarem Statussymbol unter solchen Verhältnissen erhöhte Bedeutung zukommt. Wessen Ehe infolge der Strafhaft geschieden wurde, der wird den Ring dennoch weitertragen, um wenigstens nach außen hin die Illusion aufrechtzuerhalten. Scheidungsurteile werden wie Geheimdokumente gehütet, und Eheringe sogar zu hohen Kursen angekauft und getragen, auch wenn man lediglich ein oder mehrere Bilder einer Frau vorweisen kann, die man noch nie persönlich kennenlernte. Es gibt sogar Männer, seit mehr als zehn Jahren in Haft, die einen Ehering tragen, ohne jemals verheiratet gewesen zu sein und – ohne briefliche Verbindung mit einer Frau! Der reine Metallwert, von der Verwaltung immer noch als Maßstab angesehen, hat überhaupt keine Bedeutung mehr.

In dem Abschnitt ›Briefe und Besuche‹ wurde bereits aufgezeigt, wie argwöhnisch das Verhalten der Frau beobachtet und registriert wird. Noch etwa zehn Jahre zuvor waren die Männer weniger leicht alarmiert, weil sie einfach voraussetzten, wenn man selbst treu sein könne, müsse das einer Frau erst recht möglich sein. Daß die eigene, durch die Verhältnisse erzwungene Enthaltsamkeit wenig Beweiskraft hat, wollten sie nicht wahrhaben. Jetzt aber wird ihnen die weibliche Psyche vermeintlich transparent und damit unheimlich, denn nun erscheint die Frau ihnen als ein vornehmlich sexuell gesteuertes Wesen, konfrontiert mit einer gefährlichen Mangelsituation infolge der langen Abwesenheit des Gatten.

Abgesehen davon wird fast jede Ehe durch zwei Noxen gefährdet:

a) gleich nach der Rechtskraft des Urteils. Bis dahin haben sich beide Partner Hoffnungen gemacht, es werde wohl doch nicht so hart werden, sich wohl auch nicht klar gemacht, was eine definitive Trennung über Jahre hinaus wirklich bedeutet. Die nun schlagartige Konfrontation mit der Realität löst oft genug bei der Frau eine Panik aus, die Flucht in die Scheidung. Dem Gatten fügt das neben der generellen Erniedrigung eine Art »Fangschuß« zu; die in diesem Stadium zu beobachtenden Suizidversuche sind immer ernst zu nehmen.

b) kurz vor der Einschulung etwa vorhandener Kinder. Ist es der Mutter bis dahin gelungen, den derzeitigen Aufenthalt des Gatten zu verheimlichen, so sieht sie nun die Gefahr der Entdeckung und damit einer möglichen Diffamierung auf sich zukommen, da sie ja mindestens vor der Lehrerin eindeutige Angaben machen und befürchten muß, daß in deren Unterhaltung mit den anderen Kindern die Frage nach dem »Vati« gestellt wird. Hat sie die Kleinen einmal zum Besuch in die Anstalt mitgenommen, ist es keineswegs ausgeschlossen, daß diese treuherzig von »Käfigen« berichten und »Onkels«, die grün angezogen sind und »goldene Knöpfe« haben. Viele Frauen fassen erst angesichts dieser potentiellen

Gefahr eine Scheidung ins Auge, welche die Aufrechterhaltung der bisherigen Tarnung ermöglicht und eine heutzutage keineswegs ungewöhnliche Erklärung für die lange Abwesenheit des Gatten darstellt. Die Scheidungsabsicht braucht dabei keineswegs dem Willen zur definitiven Trennung zu entsprechen. Oft genug sieht die Frau darin nur die Möglichkeit, eigene Entscheidungsfreiheit zu gewinnen: Ich werde zu Dir stehen, aber nicht weil ich muß, sondern weil ich es will. Mir ist eine ganze Anzahl von Mitgefangenen bekannt, deren Ehe gleich nach dem Urteil geschieden wurde, die dann wenige Monate nach ihrer Entlassung ihre eigene Frau nochmals heirateten, weil die innere Bindung nie ernsthaft gefährdet war. Von der späten Absicht, sich scheiden zu lassen, werden dagegen die meisten Männer unvorbereitet getroffen, so plausibel die diesbezügliche Erklärung der Ehefrau auch klingen mag. Soeben mühsam zu einer scheinbaren Konsolidierung gelangt, reagieren sie mit der »Knast-Mauke« (es ist das eine treffende Bezeichnung aus dem Knast-Jargon: Mauke = hartnäckiges Ekzem in der Fesselbeuge von Pferden, durch welches die Gehfähigkeit stark beeinträchtigt wird).

Ehen oder eheähnliche Bindungen, welche hauptsächlich aus sexueller Partnerschaft bestehen, zerbrechen infolge der langen Trennung fast regelmäßig. Verbindungen mit Prostituierten (Ehen) dagegen erweisen sich als bemerkenswert belastbar. Es liegt nicht im Rahmen dieser Studie, die Gründe dafür näher zu untersuchen.

Ist der Mann wegen eines Sittlichkeitsdeliktes verurteilt, erfolgt die Scheidung meist schon im Stadium der Voruntersuchung, aber es sind mir auch Fälle bekannt, wo die Bindung erhalten blieb, allerdings wohl mehr der Form halber. Offenbar gefallen sich Frauen gelegentlich in der Rolle großmütiger Dulderinnen, insbesondere dann, wenn ihre eigene Frigidität eine der Ursachen für das Fehlverhalten des Mannes war.

Der Ausfall aller echten sexuellen Kontakte kann durch

Phantasie allein nicht ausgeglichen werden, denn diese schafft allenfalls ein stimulierendes Fluidum. Der Gefangene, von draußen her an regelmäßigen Geschlechtsverkehr gewöhnt, wird alsbald auf Abhilfe sinnen, um dem immer lästiger werdenden Drang zu entgehen. Drei Arten von Lösungen sind gebräuchlich. Da man darüber kaum jemals verläßliches statistisches Material bekommen wird, ist es fast verwegen, den jeweiligen Anteil prozentual zu fixieren. Folgende Werte sind daher vage Schätzungen und sollen lediglich in groben Zügen den unterschiedlichen Anteil deutlich machen. Dabei ist noch zu berücksichtigen, daß die Grenzen fließend sind, weil beispielsweise die Masturbation nicht nur isoliert, sondern auch bei den meisten homophilen Verbindungen vorkommt, aber auch in der Gruppe »Sonstige«, bei der Perversion eine Rolle spielt.

a) Selbstbefriedigung	ca. 50%
b) homosexuelle Betätigung	ca. 30%
c) sonstige	ca. 20%

Hoppensack hat ermittelt, daß 77% aller Probanden während der Haftzeit masturbieren (S. 124ff.). Dieser Wert ist nahezu identisch mit den Gruppen a und b, was eine gewisse Beweiskraft bedeutet. Auf die Frage: »Onanieren Sie, seit Sie hier sind?« (S. 113), begreift der Proband die Manipulation, und da es ihm leichter fällt, diese zuzugeben, als einen homosexuellen Kontakt, wird er die Frage generell mit Ja beantworten. So ausgezeichnet und vielseitig die Darstellung des Problems der Masturbation bei Hoppensack sonst ist, sie bedarf der empirischen Ergänzung. Beispielsweise erscheint es fraglich, ob tatsächlich die Onanie bei den Jahrgängen über Fünfunddreißig merklich nachläßt. Dabei wäre nämlich zu berücksichtigen, daß diese Männer noch dazu erzogen sind, die Masturbation als besonders verwerflich anzusehen, und das daraus resultierende Schamgefühl ihre Angaben beeinflußt hat. Nach meinen Beobachtungen ist die Masturbation ziemlich gleichmäßig auf alle Jahrgänge verteilt, die Frequenz allerdings ändert sich mit zunehmendem Alter, vermindert sich bei triebschwachen Probanden, nimmt aber auch unerhört zu, vornehmlich bei Sittlichkeitstätern (bis zu neunmal täglich). Um ein möglichst eindeutiges Bild zu gewinnen, müßte man daher die statistischen Angaben in Beziehung setzen zu dem früheren sexuellen Verhalten des einzelnen.

Die erzwungene Enthaltsamkeit ohne masturbatorische Lösung bedingt nächtliche Erektionen und Pollutionen, in jedem Falle erschwertes Einschlafen und geringe Schlaftiefe. Vielen Gefangenen ist die Pollution ihrem Wesen nach unbekannt, sie wissen daher nicht, daß es sich dabei um eine spontane Selbsthilfe des Organismus handelt. Je frequenter der Geschlechtsverkehr vor der abrupten Abstinenz war, desto produktiver war das endokrine System, desto häufiger erfolgen mindestens während der ersten Monate die Pollutionen. Außerdem tritt in solchen Fällen schon bei etwas verhärtetem Stuhlgang Prostatasekret aus, was fälschlicherweise für Samenfluß gehalten wird. Der unerfahrene Gefangene, in dieser besonders heiklen Situation ganz auf sich selbst zurückgeworfen, glaubt nun, einen krankhaften Degenerationsprozeß zu erkennen, doch scheut er den Weg zum Krankenrevier, weil er Hemmungen hat, seinen Zustand einem Beamten zu offenbaren (auch der Anstaltsarzt wird in erster Linie als ein solcher gewertet). Da ihn ohnehin jedes vermeintlich abnorme Geschehen im Bereich der Sexualorgane auf das Höchste alarmiert, wähnt er die totale Impotenz auf sich zukommen zu sehen.

Dieser Spannungszustand wird nachgerade unerträglich, und eines nachts, halb im Schlaf noch, beginnt er wie als Kind schon, wieder zu onanieren, hat mit erfolgter Ejakulation seine Ruhe und wenigstens vorübergehend keine der verdächtigen Begleiterscheinungen mehr. Da die Onanie gemeinhin als unmännlich gilt, sucht er diese zu verheimlichen, was auf einer Gemeinschaftszelle mitunter recht schwierig ist. Bezeichnend ist, daß bereits wenige Stunden nach dem

Anbringen von Plastikvorhängen um die neu installierten WCs, seitens des Bauamtes taktvoll »Schamwände« genannt, die dadurch geschaffenen Winkel als »Wichs-Ecken« in den Knast-Jargon aufgenommen wurden. Nun gibt es unter den zahlreichen Insassen immer wieder Leute, die aus ihrem Pseudowissen schöpfen, die altersbedingt vielleicht nicht mehr so triebstark sind und es sich daher leisten können, auf einem moralisierenden Postament zu verharren. Aus religiösen oder sonstigen Motiven versuchen sie, dem jungen Mann begreiflich zu machen, daß Onanie mit absoluter Gewißheit zu totaler Impotenz, mindestens aber zur Rückenmarkschwindsucht führt.

Der Konflikt für den Neuling wird damit umfassend und aus eigener Kraft kaum noch lösbar: Entweder läßt er es bei den nächtlichen Pollutionen und wähnt, darin die progressive Entartung seines Drüsensystems zu erkennen, welche zur Impotenz führt, oder er masturbiert bis zur vermeintlichen Impotenz; er möchte als Mann gelten und muß sich vor den Zellengenossen unmännlich benehmen. Je länger die Strafe ist, die er noch vor sich hat, desto tiefer verstrickt er sich in diese stumme Verzweiflung, die schließlich oft umschlägt in einen Hang zur Selbstzerstörung (so oder so kaputt!). Der daraus resultierende destruktive Nihilismus äußert sich nicht nur in hemmungsloserem Masturbieren, sondern kommt auf allen möglichen Gebieten zum Vorschein, ohne daß man gleich den Kausalzusammenhang erkennt.

Manche Gefangene versuchen, in Lösungen auszuweichen, die rein technisch dem natürlichen Geschlechtsverkehr nahe kommen und nach ihrer Meinung keine schädliche Onanie sein können. Sie benutzen die Spalten zwischen den Matratzen-Teilstücken oder auch die Zwischenräume der Sprungrahmen (Draht- und Kettenteile mit Tesa-Film umklebt) als Substitut, und einer zeigte mir einmal voller Stolz seine »Fick-Maschine«, die er aus Matratze, Plastik und einem schräg auf das Bett gelegten Stuhl konstruiert hatte, wobei ein Aktphoto derart an der Lehne befestigt war, daß er es ständig dabei vor Augen hatte. Von mir wollte er lediglich bestätigt haben, daß diese Art der Selbstbefriedigung doch wohl nicht gesundheitsschädlich sein könne. Nicht die Erfindung an sich ist hierbei wesentlich, sondern die dadurch offenkundig gewordene Furcht vor nachteiligen Folgen.

Wie bereits erwähnt, verschafft die Onanie Mattigkeit, Schläfrigkeit und Schlaftiefe. Letztere ist ungemein wichtig, denn das Licht wird generell um 21, neuerdings um 22 Uhr gelöscht, dann hat man sich mit der Dunkelheit abzufinden. Diese ist aber nicht gleichzusetzen mit totaler Finsternis, die zum Schlafen anregt. Aus Sicherheitsgründen ist jeder Gefängnisblock umgeben von einem ausgeklügelten System von Scheinwerfern, die so installiert sind, daß sie jedes Fenster ausleuchten. Der aus mehreren Richtungen einfallende Lichtschein (Gardinen sind nicht zugelassen!) zeichnet mehrfach die Gitterstäbe auf Wände und Decke und erzeugt dadurch ein Halbdunkel, was auch angestrebt wird, um nachts durch den »Spion« in der Zellentür das Geschehen beobachten zu können, ohne die Beleuchtung einschalten zu müssen. Halbdunkel aber wirkt bekanntlich stimulierend im sexuellen Bereich. Um sich diesem immer verhängnisvoller werdenden Kreislauf zu entziehen, versuchen viele Insassen, sich zusätzlich Schlaftabletten zu verschaffen, was natürlich nach längerem Gebrauch zu vermehrter Dosierung und letztlich zu einer Süchtigkeit führt, die ihrerseits potenzschädigend werden kann. Warnt man einen solchen Menschen vor den schädlichen Folgen, treibt man ihn zurück in die Selbstbefriedigung, nun aber ohne echtes Bedürfnis seinerseits, sondern einfach, um einschlafen zu können.

Schließlich muß noch ein Grenzgebiet erwähnt werden, welches sich weder unter »Selbstbefriedigung« noch unter den Begriff »Homosexualität« einordnen läßt. Da die diesbezüglichen Praktiken ziemlich häufig ausgeübt werden und dem Beteiligten die Differenzierung erst recht schwerfällt, erscheinen sie in der Statistik vagabundierend, nicht selten aber gleichzeitig unter beiden Rubriken. Der weder homo- noch bisexuelle Gefangene sucht lediglich einen möglichst »naturgetreuen« Ablauf seiner geschlechtlichen Befriedigung, lehnt aber konstruierte Substitute ab. Es sind meist virile Typen, die infolge der Unerreichbarkeit einer Partnerin »knastschwul« geworden sind, wie es der Jargon nennt. Der jungenhafte Körper beziehungsweise weibliche Habitus reizt sie nicht, sie suchen lediglich die Fellatio als Befriedigung. Es gibt stets genug Strichjungen, die gegen Entgelt dazu bereit sind. Während diese wie überhaupt die Homosexuellen meist verachtet werden, ist das beim »Knastschwulen« keineswegs der Fall; man findet sein Verhalten milieubedingt, hat Verständnis dafür und beobachtet allenfalls amüsiert den Ablauf.

Ort: Gemeinschaftszelle aber auch im Betriebsraum. Der Junge schlüpft unauffällig unter den Arbeitstisch des Mannes, er »steigt in den Keller« und erledigt seine Aufgabe, unsichtbar für die Umwelt und auch den Auftraggeber, dessen Hände dabei auf dem Tisch bleiben. Dem unbefangenen Beobachter fällt allenfalls der etwas abwesende Gesichtsausdruck des unverdrossen weiter arbeitenden Mannes auf. Kontaktmöglichkeiten dieser Art sind nahezu unbegrenzt vorhanden und einfach nicht zu unterbinden.

Ein als Strichjunge bekannter Gefangener wird zwecks Isolierung von den anderen auf eine kleine Einzelzelle, eine »Koje«, verlegt. Bei einer Routineinspektion entdeckt man in der Trennwand zur Nachbarkoje ein knapp hühnereigroßes Loch, offensichtlich den Beginn eines Durchbruchsversuches. Über Monate hinweg verändert sich die Dimension des Loches nicht weiter, was man auf die intensive Überwachung zurückführt. Dann aber fällt eine zunehmende Frequenz in der Nachbarkoje auf, deren Insassen sich häufig verlegen lassen aber auch Gelegenheitsbesucher zulassen. Die Methode wurde schließlich bekannt: Der durch die »kalibergroße«

Öffnung gesteckte Penis wurde auf der anderen Seite der dünnen Trennwand auftragsgemäß bedient.

Es kommt auch vor, daß drei Gefangene einträchtig auf einer Zelle über Jahre hinaus hausen, von denen zwei intime homosexuelle Beziehungen miteinander unterhalten, während der dritte Mann solches wohlwollend duldet oder erträgt unter der Voraussetzung, daß der weibliche Part des Pärchens ihn hin und wieder mittels Fellatio partizipieren läßt. Ein aufschlußreicher Widerspruch liegt darin, daß der dritte Mann sich zwar von dem Jungen in dieser Form bedienen läßt, aber gleichzeitig ihn selbst und den anderen Teilhaber wegen des ausgeübten Analkoitus verachtet.

Wenn Männer tatsächlich längere Zeit völlig enthaltsam leben, was auch vorkommt (sie sind gewöhnlich nicht wenig stolz darauf), dann offenbaren sie Verhaltensweisen, die sonst den Kastraten eigen sind: Schwatzhaftigkeit, Geiz, Habsucht, Überempfindlichkeit, intrigantes Geltungsbedürfnis und ähnliches. Oft wird auch sexueller Fehlbedarf kompensiert durch religiösen Fanatismus, sehr verbreitet ist die Hypochondrie. Diese Menschen sind in einer auf engem Raum zusammengedrängten Gemeinschaft lästig, nicht zuletzt für die Beamten, die sich mit ihren stereotypen Klagen und Beschwerden auseinandersetzen müssen.

Hin und wieder gelingt es einem, seinen Geschlechtstrieb zu sublimieren durch intensive geistige Arbeit, doch muß man dabei berücksichtigen, daß nur selten ein Gefangener zu solcher Konzentration imstande ist. Der gerade im liberalisierten Vollzug aufkommende Lerneifer hat nichts damit zu tun, wie noch darzulegen sein wird, er ist nicht viel mehr als ein infantiler Wissensdurst, der vermeintlich ohne Selbstdisziplin und geistigen Aufwand gestillt werden kann.

Die sonst noch vorkommenden Arten geschlechtlicher Befriedigung sind meist nur Erscheinungsformen einer bereits früher vorhandenen Perversion, die allerdings im Laufe der Haft progressiv verändert werden kann.

Harbordt berichtet aus amerikanischen Strafanstalten (S. 68) von der dort üblichen Unterscheidung zwischen »echter« Homosexualität und der durch Milieueinflüsse verursachten. Diese Auffassung ist auch in hiesigen Gefängnissen üblich. Unter »echt« wird nur derjenige verstanden, der früher schon, also bei noch jederzeit möglichen heterosexuellen Kontakten, sich ausschließlich Männern zugewandt hat, mithin in erster Linie Gefangene, welche aus diesem Grunde oder in Verbindung damit straffällig wurden.

Daneben gibt es aber noch die offenbar ständig zunehmende Gruppe der Bisexuellen, doch sind gerade bei dieser die Grenzen zwischen »echter«, also bereits früher praktizierter bisexueller Betätigung, und der als »knastschwul« bezeichneten besonders schwer zu bestimmen. Wenn ich eine Quote von 30% Anfälligkeit für homosexuelle Befriedigung aller Art angenommen habe, so erscheint eine weitere Unterteilung nicht mehr sinnvoll, weil sie zu sehr ins Hypothetische abgleiten würde. In dem Abschnitt ›Verlust der heterosexuellen Kontakte‹ wurde bereits dargelegt, in welcher Form Substitute verwandt werden beziehungsweise welchen Einfluß die Masturbation auf das Dasein des Gefangenen hat. Da die Grenzen dieses Komplexes bis hin zur homosexuellen Betätigung als Ersatzlösung nur schwer bestimmbar sind und auch variieren im Verlauf einer langen Strafe, muß in folgendem teilweise nochmals darauf zurückgegriffen werden.

Die Homoerotik spielt in einer isolierten Männergemeinschaft natürlich eine wesentlich größere Rolle als in der Außenwelt. Sie kann allein vorkommen, aber auch als Hintergrund intim homosexueller Bindungen sowie als deren Anfangsstadium. Meist handelt es sich dabei um einen älteren, langjährig bestraften Gefangenen und einen noch jungen Neuling, der sich gewöhnlich durch eine zierliche Figur auszeichnet; ein ausgesprochen femininer Habitus ist keineswegs Voraussetzung. Der »Alte«, durchaus nicht ein »Wolf« im amerikanischen Sinne (Harbordt), gefällt sich in der Rolle des Beraters und Beschützers, nimmt sich des noch unerfahrenen Jungen an, versorgt ihn wohl auch während der ersten Monate. Auffällig ist, daß das Zusammengehörigkeitsgefühl auch äußerlich demonstriert wird durch kleine Varianten der an sich uniformen Kleidung. Manchmal ist es ein »besorgtes« Halstuch aus gleichem Stoff, dann wieder sind es besondere, sonst nicht übliche Knöpfe an Mantel und Jacke oder auch nur ein kleiner Fliegenpilz aus dem letzten Weihnachtspaket, der an der Mütze oder dem Revers befestigt wird. Das Erkennungszeichen soll unaufdringlich wirken und dennoch augenfällig sein. Wenn es bei einem solchen Paar zu sexueller Betätigung kommt, dann handelt es sich meist um wechselseitige Masturbation, die sich erst nach einem längeren Zeitraum der Gemeinsamkeit zu weiteren Manipulationen steigern kann. Meist sind beide Partner bemüht, eine gemeinsame geistige Linie zu finden, wobei es keineswegs darauf ankommt, daß sich der Ältere als Mentor des Jungen begreift. Ebenso oft ist der Junge dem Alten in dieser Hinsicht überlegen, was dieser mit deutlich zur Schau gestelltem Stolz auf seinen Juniorpartner quittiert. Wenn man ein solches Paar beim gemeinsamen Duschen beobachtet, wird man nichts Auffälliges konstatieren können; beide entblößen sich genau so ungeniert wie andere Insassen auch. Obgleich eine solche Bindung hin und wieder doch zu homosexuellen Kontakten führt, wird das von beiden Partnern erregt in Abrede gestellt. Der Alte wird sogar betonen, daß er seine eigentliche Aufgabe darin sehe, den labilen Jungen vor derartigen Fährnissen zu bewahren.

Eine weitere Form der Gemeinschaft geht gelegentlich aus der oben beschriebenen hervor, wird aber meist von vornherein anders programmiert: die intim homosexuelle Bindung zwischen einem »Macker« und seinem »Puppenjungen« (auch als »Pupenjunge« gebräuchlich und damit ein deutlicher Indikator). Zwar betreut und beschützt notfalls der Macker seinen Gespielen genauso wie der oben erwähnte Alte, ist genauso anfällig gegen Eifersucht wie jener, doch ist das Verhältnis insofern anders, als sich der Macker in der Rolle des Paschas gefällt, nicht allein den sexuellen Ausgleich sucht, sondern zusätzlich die Dienerin, die »Sklavin«. Die Zusammengehörigkeit der beiden ist äußerlich nicht erkennbar; der Macker (ein viriler, triebhaft sexualisierter Mann) betont in Kleidung und Gebaren einen betont männlichen Habitus, während sich der Puppenjunge aufreizend weiblich gibt, Hosen trägt, welche die Hüftpartie betonen (für ein Paket Tabak bringt das ein gefälliger Hausschneider zustande) und durch gepflegtes Haar sowie mehr oder weniger diskret geschminkte Lippen auffällt. Beim Duschen wird der Unterschied dann deutlich: Der Macker gibt sich männlich, läßt die Muskeln spielen, auch wenn sie gar nicht eindrucksvoll wirken, während sich der Puppenjunge schon beim Auskleiden gehemmt zeigt und meist sogar eine winzige Badehose anbehält. Wenn er sich im eigentlichen Duschzustand unbeobachtet wähnt, äußert sich nicht selten echter Narzismus. Da dieses Verhalten nicht nur den Puppenjungen, sondern auch den meisten Strichjungen gemeinsam ist, muß man auf winzige Nuancen achten, um den Unterschied zwischen femininer Schamhaftigkeit und dem ewig weiblichen Spiel des »hard to get but gettable« zu erkennen.

Homosexuelle Paare arbeiten gewöhnlich im gleichen Betrieb, was bei den Homoerotikern keineswegs Voraussetzung ist. Beide kaufen gemeinsam ein, wobei nicht selten der Macker die Orders gibt und es dem Jungen überläßt, die Ware in einem gemeinsamen Beutel zu verwahren. Vor männlichen Verkäufern wird die intime Beziehung keineswegs verheimlicht, doch ändert sich das Verhalten sofort, wenn sie von einer Verkäuferin (gleich welchen Alters) bedient werden, es ist dann unauffällig.

Puppenjungen werden meist alsbald, wie auch die männlichen Prostituierten, mit einem weiblichen Vornamen angeredet und identifizieren sich bald derart mit ihrer Rolle, daß sie nur noch darauf hören. Noch plastischer wird das Bild, wenn man zu einem solchen Pärchen »eingeladen« wird.

Nach zuvorkommend höflicher Begrüßung läßt sich der Macker mit seinem Gast auf den beiden vorhandenen Stühlen nieder und überläßt es dem Jungen, sich irgendwo eine Sitzgelegenheit zu suchen. Dazu kommt er aber zunächst gar nicht, denn der Macker offeriert dem Gast zum Beispiel eine Tasse Kaffee und winkt herablassend herrisch dem Jungen, falls man das Angebot annimmt. Dieser flitzt geradezu in der engen Zelle umher (in einem Falle sauste er sogar infolge des Platzmangels über den Nähmaschinentisch) und stellt für Gast und Macker Tassen bereit; er selbst hat sich mit nichts oder einem sonstigen Gefäß zu begnügen. Rückt er dem Gast in der Enge des Raumes einmal zu nahe, genügt ein herrischer Blick, ihn wieder in den gebotenen Abstand zu scheuchen.

Im Gegensatz dazu unterscheidet sich eine Einladung bei einem homoerotischen Paar gar nicht von der üblichen Form.

Puppenjungen kommen entweder stigmatisiert durch Erlebnisse oder Bekanntschaften mit anderen Gefangenen zum Beispiel während der Fürsorgeerziehung in die Anstalt, oder sie werden dazu gemacht. Meist sind es labile junge Burschen (nicht selten findet man masochistische Wesenszüge bei ihnen), die in der Außenwelt heterosexuelle Kontakte hatten und diese nach der Entlassung auch wieder aufnehmen, wenn der Freiheitsentzug nicht zu lange währte. Eine erzwungene Transformierung, wie sie in US-Strafanstalten vorkommen soll (Harbordt S. 69 u. 72), ist hierzulande unbekannt. Möglicherweise liegt das an der in Deutschland üblichen Unterbringung in relativ kleinen Zellen. Eine kritische Situation für den Puppenjungen kann allerdings eintreten, wenn dieser ohne seinen Macker in eines der Außenarbeitslager verlegt wird. Findet er dort nicht alsbald Anschluß an einen anderen, hat er möglicherweise einiges auszustehen. Er kann dem jedoch entgehen, indem er sich der Mehrheit zugängig macht, sich prostituiert. Der eigentliche Grund für die anderen Verhältnisse hierzulande dürfte aber darin zu suchen sein, daß die brutale Form des Stuprums durch einen Stärkeren oder eine ganze »Gang« gar nicht erforderlich ist. Bald nach der Einlieferung gerät der Neuling nämlich in eine drückende Abhängigkeit, weil seine gesamte Arbeitsbelohnung zunächst einmal dazu verwandt wird, die sogenannte Rücklage zu schaffen. Die mitgebrachten Bestände an Genußmitteln sind schnell verbraucht, weil er noch nicht gelernt hat, sich einzuschränken. Er ist somit gezwungen, Schulden zu machen bei meist wucherischen Zinsen, deren Abdeckung ihn noch über Monate hinaus belastet. In einer solchen Lage bedarf es nur ständiger, zunächst fast beiläufig, dann lockend vorgebrachter Hinweise auf andere, viel günstigere Sanierungsmöglichkeiten, um zum Nachdenken anzuregen. Dazu kommt die veränderte Einstellung zu dem eigenen Körper als Folge der totalen »Enteignung«. Gesellt sich dazu noch die verzweifelte Hoffnungslosigkeit und das Bewußtsein, noch viele Jahre unter gleichen Bedingungen leben zu müssen, erreicht der Macker in der Regel sein Ziel mit ein wenig Geduld ohne jede Gewaltanwendung.

In solchen Fällen erfolgt die »Defloration« dann durch den Analkoitus, der sonderbarerweise als Übergang leichter hingenommen wird als die Fellatio, zu der sich der Junge erst sehr viel später bereitfindet. Da die erste derartige Kohabitation gewöhnlich mit Schmerzen verbunden ist, wird eine Wiederholung oft mit Gewalt oder Drohungen erzwungen, wobei das Bewußtsein, bereits einmal nachgegeben zu haben, den Widerstand schnell erlahmen läßt. Keineswegs die Regel ist es, daß ein derart umfunktionierter Junge nun seine feminine Rolle über einen längeren Zeitraum hinweg spielt, darin fixiert ist. Ebenso häufig verfällt er in eine Regression, indem er später einem anderen Jungen das gleiche Schicksal bereitet, welches ihm widerfahren ist.

Aus der Erkenntnis, daß die Mangellage während der ersten Monate von ausschlaggebender Bedeutung für diesen Ablauf ist, wurden in Celle die harten Bedingungen des Anfangsvollzuges beträchtlich gelockert, so daß sich heute kein Neuling mehr in Schulden zu verstricken braucht. Wider Erwarten ist dadurch die Homosexualität beziehungsweise ihre Sogwirkung auf ihr bislang fernstehende Jungen nicht beeinflußt worden, eher wäre das Gegenteil festzustellen. Jetzt, also trotz des Fortfalles materieller (milieubedingter) Sorgen, tritt gerade bei Neulingen, die inzwischen an das hypersexualisierte Leben in der Außenwelt gewöhnt sind, die Suche nach neuen, zusätzlichen Reizen in den Vordergrund. Ein Macker erklärte mir, man brauche einen Jungen nur mit in die Zelle zu nehmen und ihn visuell sowie akustisch an dem Spiel zweier Männer teilhaben zu lassen. Jede direkte Aufforderung sei völlig verfehlt, es daure nämlich selten lange, dann begehre der Neue von sich aus, es auch einmal zu versuchen, den so offenkundig beachtlichen Reiz auszukosten. Meist bleibe er dann auch dabei, zunächst nur in größeren Intervallen, dann regelmäßig. Der ständigen Verführung durch das Beispiel sei kaum einer gewachsen, und wenn er es dennoch ablehne, so könne er sich jederzeit verlegen lassen, ein Ersatz finde sich leicht. Noch läßt sich nicht abschätzen, welchen Einfluß die Modifizierung der einschlägigen Paragraphen auf diese Entwicklung hat. Man kann jedoch aus diesen Beobachtungen bereits entnehmen, daß das System des Vollzuges nicht so bestimmend ist, wie man angenommen hatte, sondern daß es in erster Linie das Zusammenleben von Männern auf engstem Raum ist ohne das Fluidum des weiblichen Prinzips. Ausführungen und Urlaube stärken natürlich die moralische Widerstandskraft des einzelnen beträchtlich, aber nach der Rückkehr wird er auf der Zelle von seinen Gefährten bestürmt, eingehend zu berichten. Wenn man berücksichtigt, daß der Urlaub hauptsächlich gewährt wird zur Aufrechterhaltung einer Ehe, also nur Verheiratete dieser Vergünstigung teilhaftig werden, und weiter bedenkt, daß meist die detaillierten Schilderungen im Dämmerlicht der Nacht produziert werden, kann man sich die stimulierende Wirkung auf ledige junge Männer unschwer vorstellen. Gerade bei diesen aber ist der Verführungsaspekt besonders groß.

Außerdem gibt es natürlich noch die homosexuellen Partnerschaften von Gleichgesinnten, die denen in der Außenwelt entsprechen und sich nun ganz offen etablieren. Hier ist keine Zunahme infolge milieubedingter Einflüsse zu bemerken, sondern allenfalls der Verzicht auf die bisher noch gebotene Tarnung: Die Zahl der bekannten Paare ist fast konstant geblieben.

Eine von einem jungen Menschen über Jahre hinweg ausgeübte feminine Rolle erschwert eine spätere Rückwendung zum heterosexuellen Verkehr offenbar beträchtlich. Ein junger Mann hat mir dafür eine interessante Erklärung gegeben:

Er habe schon frühzeitig angefangen zu onanieren, dann aber auch Verkehr mit Mädchen gehabt. Im Fürsorgeheim habe er dann den passiven Analkoitus kennengelernt und diese Betätigung während der späteren Gefängnisstrafe fortgesetzt. Die zwischenzeitlich mehrfach unternommenen Versuche, zum heterosexuellen Verkehr zurückzufinden, seien gescheitert mangels eines ausreichend befriedigenden Orgasmus bei an sich vollkommen erhaltener Potentia coeundi. Hinterher habe er regelmäßig noch onaniert. Er meint, die Masturbation beinhalte einen einfachen Reiz und werde durch die Phantasie nur mangelhaft ergänzt. Der normale Koitus störe diese Phantasie durch das Verhalten der Partnerin, bei passivem Analkoitus dagegen sei der Reizgewinn am höchsten (Prostatamassage bei gleichzeitiger Masturbation durch den virilen Part). Wenn man diese

Form des Orgasmus längere Zeit kennengelernt habe, könne man bei einer Frau keine besonderen Lusteffekte mehr erwarten.

Diese Darstellung erscheint aus medizinisch-psychologischer Sicht vertretbar, allerdings bleibt dabei die Frage offen, wie sich die jeweiligen Partnerinnen der mißglückten Experimente verhalten haben. Da es sich im vorliegenden Falle um Prostituierte gehandelt hat, die angeblich sogar ein menschliches Interesse an dem Jungen gehabt haben, wäre es denkbar, daß sie zwar zunächst tatsächlich ein solches aufbrachten, dann aber schnell erkannten, wie wenig leistungsfähig er offenbar war, und sich nun passiv verhielten. Selbst wenn es so wäre, muß man bedenken, daß der Weg eines entlassenen jungen Gefangenen ja meist zu einem Straßenmädchen führt und man mit solchen Reaktionen bei diesen immer rechnen muß. Ein diesbezügliches Versagen muß geradezu dem ohnehin reduzierten Selbstvertrauen eines solchen Menschen einen derartigen Stoß versetzen, ihn zurückwerfen auf einen Weg, auf dem er sich als voll leistungsfähig erwiesen hat. Mit vollem Recht weist daher Harbordt darauf hin, daß das Schicksal des »unerfahrenen Landjungen, der durch längere Haft zum Strichjungen wurde«, keineswegs ein Märchen ist (S. 73).

Durchaus nicht immer wird der Puppenjunge später zum Strichjungen. Es kommt mindestens ebenso oft vor, daß sich ein derart deflorierter junger Mann erfolgreich dagegen wehrt, »in Schande zu versinken«. Ständiges Schmerzgefühl infolge analer Unzulänglichkeit oder heftiger Widerwille dem Zudringlichen gegenüber mögen diese Regung unterstützen. Solche Männer sind dann aber fragwürdige Zeitgenossen und werden gemieden, weil sie sich an ihrem eigenen Geschlecht zu rächen suchen durch Unverträglichkeit, Verräterei und Habsucht.

Hinsichtlich der psychischen und sozialen Verhaltensweisen nach der Entlassung (Harbordt S. 71) ist mir eine sichere

Aussage nicht möglich aus Mangel an Beobachtungsmaterial. Immerhin läßt sich auch von hier aus bereits feststellen, daß die Bindungen zwischen Macker und Puppenjungen sehr oft ein Hörigkeitsverhältnis beinhalten. Ob dieses als endogene Labilität seitens des letzteren bereits eingebracht wurde oder sich infolge der anhaltenden mehr oder weniger erzwungenen Unterwürfigkeit bei gleichzeitiger masochistischer Komponente einstellte, kann unberücksichtigt bleiben. Jedenfalls bestehen solche Bindungen nicht selten auch über einen längeren Zeitraum der Trennung hinweg, das heißt, sie werden nach der beiderseitigen (nicht unbedingt gleichzeitigen) Entlassung alsbald fortgesetzt. Mir sind Fälle bekannt, wo ein solcher Junge seitens des Elternhauses oder anderer Stellen jede nur erdenkliche Resozialisierungshilfe bekam und dennoch wenige Wochen später zu seinem mittlerweile auch entlassenen Macker zog und bei diesem blieb. In anderen Fällen sorgte der Macker dafür, daß der Junge Anschluß bei seiner Familie fand, wo er zu verbleiben hatte, bis der Ältere ebenfalls entlassen wurde. Solche anhaltenden Bindungen sind allerdings verdächtig, weil sie meist eine Spekulation einschließen: die Abrichtung des Jungen zur Prostitution.

Die masochistisch gefärbte Labilität ist bei jungen Männern heute ziemlich verbreitet, was sich unter den Insassen einer Strafanstalt natürlich besonders bemerkbar macht.

Ich hatte einmal den Brief eines jungen Franzosen an einen unserer Gefangenen zu übersetzen, in welchem sich der Junge in bewegten Worten, die eine gute Schulbildung verrieten, danach sehnte, endlich wieder einmal von seinem starken Freund (einem grobschlächtigen, primitiven Manne) »geliebt und geführt« zu werden. Die im Gefängnis gemeinsam verbrachte Zeit sei die schönste seines ganzen Lebens gewesen.

9. Zwang zur Akkulturation

Wenn auch in den deutschen Strafanstalten der massive körperliche Zwang im Sinne einer »Hackordnung« nicht üblich ist, so sieht sich dennoch der Neuling genötigt, hinfort in einer Gemeinschaft zu leben, der er sich nicht zu entziehen vermag, deren Regeln weniger vom Willen einflußreicher oder mächtiger Gruppen geprägt werden als von der Unfreiheit an sich und der damit verbundenen Mangellage auf allen möglichen Gebieten. Er muß sich entweder anpassen, das heißt ganz unauffällig leben, ohne sich mit der ihm ungewohnten Umgebung und ihrer Population zu identifizieren, oder sich integrieren mit der häufig unausbleiblichen Folge, sich später nicht mehr von ihr lösen zu können.

Seine Entscheidung, gewollt oder allmählich unbewußt heranreifend, wird beeinflußt von dem Faktor der Zeit und dem sich wandelnden Zeitbegriff. Die Dauer der Haft wird im Urteil zwar kalendermäßig fixiert, doch erkennt der Neuling alsbald, welch beträchtlicher Unterschied darin besteht, ob man diese Zeitspanne noch vor sich hat oder bald hinter sich. Zunächst (bis zur Zuweisung einer ständigen Arbeit) sich selbst überlassen, auf »daß er in sich gehe«, hat er sich damit auseinanderzusetzen. Zur Tatenlosigkeit verdammt, merkt er besonders während der schlaflos verbrachten Nächte, wie lange eine einzige Minute sein kann, wenn man ihren Ablauf ersehnt. Die weitere Folge ist eine simple Multiplikation mit beklemmend hohen Werten, die zur Wehrlosigkeit auch noch die Mutlosigkeit fügt. Das sollte man nicht außer acht lassen, wenn man das gerade zu Beginn der Haft kulminierende Schuldbewußtsein richtig einschätzen will.

Hohe Strafen bei Ersttätern fördern die Resignation, weil ihre Dauer unsabsehbar wird und einfach dazu zwingt, sich mit den gegebenen Verhältnissen abzufinden, ohne an die Zukunft und deren Gestaltung zu denken.

Mit zunehmender Gewöhnung an den Arbeits- und Lebensrhythmus normalisiert sich der Zeitbegriff wieder, um sich unmittelbar vor der Entlassung erneut zu wandeln: Wieder erscheinen die Minuten endlos, sind solche Gefangene wegen ihrer motorischen Unruhe eine arge Belastung für die übrigen Insassen. Auch das sollte man bei der Bewertung der U-Kurve (Harbordt) berücksichtigen.

Unvermittelt hineingeworfen in eine auf engstem Raum existierende Gemeinschaft, erkennt man bestürzt, daß es eigentlich gar keine ist, daß sie lediglich aus einer Bipolarität von Beamtenschaft und der amorphen Masse der Insassen besteht, in deren Gravitationsfeld man sich zu behaupten hat. Da den meisten Männern die dazu erforderliche Selbstsicherheit fehlt, bleibt ihnen nur der Ausweg, sich tatsächlich oder wenigstens äußerlich der Gruppe der Gefangenen zu integrieren. Dabei ist bemerkenswert, daß gerade junge Leute sich zwar prononciert als Gefangene begreifen und sich dennoch (unterbewußt) mit der Beamtenschaft identifizieren, allerdings nicht mit deren Status, sondern mit ihrer Funktion (nicht der Beamte brüllt am lautesten auf dem Korridor sondern der junge Kalfaktor, und dieser ist am reibungslosen Funktionieren des Dienstbetriebes in seinem Bereich vornehmlich interessiert). Es ist das ein geradezu typisches Symptom des schismoiden Verhaltens im Gefängnis, welches stets nach zwei Seiten hin orientiert bleiben muß.

Zu wenig wird berücksichtigt, daß das Akzelerationsproblem nicht nur auf die Außenwelt beschränkt bleibt, sondern sich in der Strafanstalt besonders auswirkt. Die aus mannigfachen Gründen retardierte sittliche und seelische Reifung erfolgt hier (wenn überhaupt!) nämlich unter Verwendung von Leitbildern, die keineswegs als vorbildlich anzusehen sind.

Ein noch unreifer und wenig erfahrener Bankräuber bekommt Kontakt mit einem »Fachmann« und begreift sich hinfort als dessen Adept, was sich keineswegs nur auf etwaige gemeinsame Unternehmungen in der Zukunft und deren Vorausplanung beschränken muß. »Solange der X. nicht da ist, wird hier nichts entschieden!« ließ sich der junge Mann drohend vernehmen; dabei handelte es sich um die Auswahl eines strittigen Musikstückes!

Gerade dieses Beispiel (kein Sonderfall) zeigt, daß der Begriff »Hohe Schule des Verbrechens« viel weiter gefaßt werden müßte.

Nach allem, was ich selbst erlebt und beobachtet habe, kann man nicht von einer allgemein verbindlichen »Knastregel« sprechen. Es ist das vielmehr eine Anzahl von Verhaltensweisen, die sich als zweckmäßig erwiesen haben, und die man deshalb ohne jeden Zwang unwillkürlich übernimmt. In vieler Hinsicht sind sie variabel, weil abhängig von dem System, nach dem eine Verwaltung orientiert ist. Bei orthodoxem Vollzug ist der Beamte der unpersönliche Exponent einer als feindlich deklarierten Obrigkeit, man spricht von ihm als seinem Dienstgrad, kennt mitunter nicht einmal seinen Namen. Im liberalisierten System wird derselbe Beamte zum »Herrn X.«, der Vorgesetzte ist zum Verantwortlichen geworden. In jedem Falle aber gilt es vornehmlich, herauszufinden, wie weit man bei ihm gehen kann, denn allein das ist von Bedeutung und danach hat sich die Verhaltensweise zu richten.

Das in allen Strafanstalten übliche Du ist weniger eine verbindliche Regel als eine auch in der Außenwelt übliche Umgangsform innerhalb einer Gemeinschaft, eine Art Nivellierung (der Bergmann duzt den Kumpel, der Soldat den Kameraden, ohne daß solches gleich eine Freundschaft bedeutet). Auch ohne den Zwang erkennt man alsbald die Zweckmäßigkeit: Das Zusammenleben auf engstem Raum bringt es mit sich, daß einem in ständig wechselnder Folge dieser oder jener Mitgefangene näherkommt, man ihn als Zellengefährten oder Arbeitskollegen duzt. Mit der Zeit und bei der Vielzahl solcher Kontaktmöglichkeiten vermag man schließlich nicht mehr zu differenzieren, das allgemeine Du ist daher einfacher und erspart vorwurfsvolle Bemerkungen.

Selbstverständlich gibt es auch hierzulande einen »Knastjargon«, doch steht es jedem frei, sich dessen zu bedienen. Wichtig ist lediglich, daß man die Bedeutung der einzelnen Ausdrücke kennt. Daneben gibt es noch eine Anzahl spezifischer Termini technici, die von bestimmten Berufsgruppen verwandt werden, eine Art verbales Statussymbol darstellen. Ein Zuhälter (eine der wenigen echten Gruppenbildungen neben den Zigeunern) vertraute mir an, daß »Rakadele« soviel heißt wie Radau und »kolone« das Synonym für »meschugge« ist. Das wären Ausdrücke aus der Zuhältersprache, sollte ich sie jemals bei einer Prostituierten verwenden, würde die Offerte gleich erheblich preisgünstiger ausfallen, da ich somit gewissermaßen als zugehörig legitimiert sei. Die Richtigkeit dieser Behauptung bedarf noch der empirischen Überprüfung.

Einen strengen Insassenkodex, dessen Einhaltung durch Kollektivmaßahmen erzwungen wird, habe ich nicht bemerkt, doch wurde mir immer wieder glaubhaft versichert, daß es in Fürsorgeheimen und Jugendstrafanstalten so etwas gebe. Möglicherweise sind das nur pubertäre Relikte wie etwa die Hordenbildung. Eine Solidarität aller Gefangenen besteht längst nicht in dem Umfang, wie vielfach angenommen wird, sie existiert nicht einmal innerhalb der einzelnen Altersgruppen und Betriebsgemeinschaften, ist nur gelegentlich erkennbar bei den Teilnehmern relativ kleiner Diskussionsgruppen oder Sparten des Sportes. Das hin und wieder zu beobachtende kollektive Verhalten ist täuschend, denn meist handelt es sich dabei nur um zeitlich eng begrenzte Solidarisierungs-Effekte.

Einer der Insassen macht »Bambule«, er lärmt entsetzlich, zertrümmert die Zelleneinrichtung und pocht mit öder Regelmäßigkeit gegen die eiserne Tür. Nach anfänglich anfeuernden Rufen beginnt die Mehrzahl alsbald, sich durch den Krawall belästigt zu fühlen, überschüttet den Unruhigen mit Schimpfworten und verlangt lautstark das Eingreifen der Beamten (man will schlafen oder ungestört Radio hören). Treten die Beamten in Aktion und schaffen den »Bambule-Macher« in die Beruhigungszelle, so klagt dieser dabei gewöhnlich, er werde geschlagen, was überhaupt nicht zutrifft. Dennoch ändert sich das Verhalten der übrigen sogleich: Wer soeben noch das Eingreifen gefordert hatte, schimpft nun ebenso lautstark auf die Beamten.

Auf dem Weg zum Fernsehraum löst sich ein Gefangener unbemerkt von der Gruppe, gelangt schließlich auf ein Anbaudach und riskiert einen verwegenen Sprung über die Mauer. Darob allgemeine Entrüstung, weil befürchtet wird, das Fernsehen könnte künftig eingeschränkt werden. Vom Wachturm aus feuert der Beamte einen Warnschuß in die Luft, was vernommen wird, ohne das weitere Geschehen jenseits der Mauer optisch verfolgen zu können. Wenig später wird der Flüchtige mit (infolge des Sturzes) gebrochenen Gliedern ins Lazarett verbracht, man wähnt ihn aber von der Kugel getroffen. Sogleich Umschwung des allgemeinen Verhaltens bis an die Grenze einer Rebellion.

In jedem Falle hatte sich der einzelne zunächst persönlich belästigt beziehungsweise beeinträchtigt gefühlt und entsprechend reagiert. Nun wird ihm bewußt, daß auch er vielleicht einmal betroffen werden könnte. Das scheinbar kollektive Verhalten ist nichts weiter als die Addition einer Anzahl individueller Reaktionen.

Der eigentliche Zwang zur Akkulturation besteht in dem permanenten Verführungsaspekt. All die sogenannten »guten Vorsätze« erweisen sich als trügerisch, wenn man alltäglich erleben muß, daß andere ohne sie sich weitaus erfolgreicher durchschlagen. Skrupel, die anfangs noch vorhanden sein mögen, erweisen sich als hinderlich, die Vorzüge eines angeblich reinen Gewissens sind so abstrakt, daß man damit nichts mehr anfangen kann. Das in der Außenwelt längst anerkannte Prinzip des allein entscheidenden Erfolges wirkt sich hinter den Gittern erzieherisch verhängnisvoll aus, denn es zwingt dazu, sich auf die Seite der Erfolgreichen zu schlagen, und das sind eben nicht die besten Leitbilder.

Wenn man somit auch nicht von einem kollektiven Zwang zur Akkulturation sprechen kann, so gibt es dennoch eine Vielzahl individueller Nötigungen, die weit subtiler konzipiert sind als die Hackordnung und damit auch weitaus gefährlicher.

Man läßt bei dem Stationsbeamten beiläufig die Bemerkung fallen, aus welcher dieser entnehmen muß, daß der X. verbotenerweise zum Beispiel Bargeld in der Zelle hat. Die dadurch ausgelöste »Filzung« (Visitation) ist erfolglos, muß erfolglos sein, weil X. gar kein Bargeld besitzt. Der Beamte bezichtigt den »Sänger« der bewußten Irreführung, doch dieser lächelt nur höhnisch und erklärt den Beamten für unfähig, denn der X. habe bestimmt das Geld. Wieder erfolgt eine Filzung mit dem gleichen negativen Ergebnis, worauf sich die Beamten sagen lassen müssen, der X. sei eben zu schlau für sie, ihnen geistig weit überlegen. Das erregt natürlich beruflichen Ehrgeiz und X. wird hinfort bei jeder Gelegenheit gefilzt, gilt als ungemein raffiniert, bekommt einen fragwürdigen Ruf, ohne überhaupt zu ahnen, wie so etwas entstehen konnte trotz seines sonstigen Wohlverhaltens. Schließlich bietet sich der »Sänger« großmütig als Retter an, gibt vor, die Beamten günstig beeinflussen zu können, und – fast immer ergreift der ganz verzweifelte X. die »Freundeshand«.

10. Zwischenmenschliche Beziehungen

Mit der Einlieferung in eine Strafanstalt sieht sich der Neuling einer Vielzahl der unterschiedlichsten Charaktere gegenüber, die sämtlich, jeder auf seine Weise, mit veränderten Umweltbedingungen fertig werden müssen, die sich angepaßt haben oder eingefügt, die jedenfalls versuchen, das Beste daraus zu machen. Letzteres lebt man dem Neuling vor oder berät ihn auch in meist sogar guter Absicht, die allerdings darin bestehen kann, sich selbst die Wertschätzung eines »erfahrenen Mannes« zu verschaffen. Da das von den verschiedensten Seiten her erfolgt und ergänzt wird durch eigene Wahrnehmungen und oft auch trübe Erfahrungen, entsteht ein Kaleidoskop von Bildern, dem man zunächst recht hilflos gegenübersteht.

Vor allem ist man verblüfft über die ganz ungewöhnliche Steigerung der Hörfähigkeit, die sich bei langjährig einsitzenden Gefangenen entwickelt hat. Sie ist nicht selten derart vervollkommnet, daß man geneigt ist, an den sogenannten sechsten Sinn zu glauben.

Zwei Neulinge (einer davon war ich) auf einer Gemeinschaftszelle. Plötzlich springt der dritte Mann mitten in angeregter Unterhaltung unmotiviert auf und beginnt hastig, sich auszukleiden, rät uns dringend, ebenfalls schnellstens zu Bett zu gehen. In knapp einer Minute werde der Beamte das Licht löschen und dabei nochmals durch den »Spion« spähen. Offiziell hatte diese Routinemaßnahme um 21 Uhr zu erfolgen, doch blieb der Termin gleitend innerhalb einer Toleranzzone von etwa zwanzig Minuten. Uhren besaßen wir nicht, hatten auch keine Möglichkeit, uns rein akustisch nach einer Turmuhr zu orientieren. Dennoch war unser Gefährte ohne weiteres imstande, ohne die geringste Sichtverbindung das Herankommen des Beamten zu verfolgen, und zwar richtete er sich dabei nach dem Knipsen eines neu installierten Lichtschalters im Seitenflügel des großen Baues, kannte die Nummer der betreffenden Zelle. Da insgesamt sechs weitere Zellen sowie eine Gittertür dazwischen lagen, ergab sich eine Art pervertierter Tonleiter. Die Prognose, über viele Wochen erprobt, stimmte immer.

Mit der weitreichenden Einschränkung der Sichtmöglichkeit wächst fast synchron das Mißtrauen; man wähnt, einer überaus gefährlichen Umwelt gegenüberzustehen und trägt selbst eine »Binde vor den Augen«, was bedeutet, daß man ständig auf der Hut sein muß vor Überraschungen, auch dann, wenn man nichts zu verbergen hat.

Diese Reaktion verstärkt sich in dem Verhältnis, wie die Sehschärfe nachläßt. Letzteres ist allerdings meist ein Trugschluß, denn es handelt sich vielmehr um ein Nachlassen der Adaptionsfähigkeit (das Auge wird gezwungen, über viele Monate hinweg nur gleichbleibend kurze Entfernungen zu überblicken). Fernsicht ist in der Regel unmöglich, weil die Wohnzellen in den meisten Anstalten, auch den Neubauten, aus Sicherheitsgründen um die Innenhöfe herum angelegt sind. Falls noch Blenden vor den Fenstern angebracht sind, erfolgt die degenerative Veränderung um so schneller. Das Auge, an ständig wechselnde Entfernungen gewöhnt, ist somit nicht nur auf Nahsicht beschränkt, sondern auch auf weitgehend konstante Distanzen (Wände, Mauern, vereinzelte Bäume). Wird man nach langer Zeit vorübergehend in eine andere Anstalt verlegt, hat man Gelegenheit, erstmals wieder während der Fahrt aus dem Transportfahrzeug zu schauen und stellt bestürzt fest, daß man zwar beispielsweise ein Gehöft in der Ferne gut erkennen kann, nicht aber das auf halber Distanz weidende Vieh. Wenige Minuten später ist es dann genau umgekehrt. Ohne Kenntnis der ophthalmologischen Zusammenhänge sieht sich der Gefangene urplötzlich der Gewißheit konfrontiert, allmählich und unaufhaltsam zu erblinden. Jedem nach langer Haft Entlassenen sollte daher dringend empfohlen werden, mindestens während der ersten Wochen kein Kraftfahrzeug zu steuern. Neben diesem Phänomen gibt es natürlich altersbedingte Abbauerscheinungen, doch sind sie nicht milieuimmanent.

Es wurde bereits beschrieben, wie in der Haft die Phantasie ausufert. Wenn man fast ausschließlich auf akustische Impulse angewiesen ist, liegt es nahe, diese Fragmente durch Kombinationen miteinander zu verbinden. Als Neuling unterliegt man dabei häufig Trugschlüssen, erst der langjährig Inhaftierte ist imstande, aus einer Vielzahl winziger Anhaltspunkte präzise Diagnosen zu stellen.

Viele Monate lang war ich in einer sogenannten Koje untergebracht und vernahm eines Abends auf dem Korridor für diese Tageszeit ungewöhnliche Geräusche aus undefinierbarer Ursache. An der Eisentür angestrengt lauschend hörte ich hin und wieder flüsternde Stimmen, konnte aber kein Wort verstehen. Mein Kojennachbar, mit mir nur durch das gemeinsame Fenster verbunden und wie ich eingeschlossen, war sogleich imstande, mir zu erklären, daß auf der gegenüberliegenden Seite des Korridors, fast acht Meter Luftlinie von uns entfernt, ein Mann ein Loch in die Trennwand gebrochen hatte, um sich dem Nachbarn homosexuell nähern zu können, daß sich der vorgesehene Partner ihm aber versagt und der andere daraufhin aus enttäuschter Wut seine Matratzen angezündet hatte. Die Angaben bestätigten sich am nächsten Tag in vollem Umfang.

Einer der ersten »guten Ratschläge«, die man im Gefängnis bekommt, lautet, man möge sich hüten vor Strichjungen, Zuhältern und Betrügern. Diese Faustregel ist ganzen Generationen von Gefangenen geläufig und wird im Milieu weitergegeben vom »Vater auf den Sohn«. Als Begründung wird angegeben, diesen Tätergruppen sei gemeinsam, daß sie es auch im Gefängnis nicht lassen könnten, andere Menschen auszubeuten. Dem Neuling bleibt zunächst gar nichts weiter übrig, als dieses Pauschalurteil zu übernehmen, weil er erst sehr viel später zu differenzieren lernt.

Der Strichjunge ist nicht zu verwechseln mit dem bereits erwähnten Puppenjungen, der sich in der Regel als ganz harmlos erweist, falls man nicht gerade spöttische Anspielungen auf seinen Habitus und seine zierliche Figur macht, was nicht selten anhaltend tückischen Haß herausfordert. Unter den Strichjungen dagegen findet man häufig junge Burschen, die, wie bereits erwähnt, infolge unerfreulicher Erlebnisse in der Vergangenheit zu Regressionen dem männlichen Geschlecht gegenüber neigen, die sich zwar scheinbar willig gegen Entgelt mißbrauchen lassen, dabei aber ausschließlich an die Befriedigung ihrer Habsucht denken. Wer infolge eines relativ hohen »Hausgeldes« über Vorräte an Genußmitteln verfügt, der findet aus diesen Kreisen schnell ungeladene Teilhaber, die ihn oft genug auch bestehlen.

Der Zuhälter stellt nach meinen Erfahrungen keine Gefahr für Neulinge dar, doch finden sich in dieser Gruppe die meisten »Schnacker«, Männer, welche die Beamten durch pausenloses Geschwätz beschäftigen, die sich schließlich wie eine Isolierschicht zwischen diese und die übrigen Insassen schieben. Denunzianten dagegen sind sie fast nie.

Der Betrüger wiederum ist oft genug eine Plage für jeden Neuling, wenn dieser vermeintlich oder tatsächlich noch Vermögenswerte besitzt oder wenigstens als prominent gilt. In solchem Falle wird immer wieder versucht, sich in das Vertrauen des Verzweifelten zu schleichen, indem man ihm unter anderem verlockende Möglichkeiten vorgaukelt über angebliche Fluchtmöglichkeiten, die Beschaffung falscher Zeugen und so weiter (mir wurden jedenfalls im Laufe der Zeit insgesamt drei solche »Entlastungszeugen« zum Stückpreis von fünfundzwanzigtausend Mark angeboten). Auffällig ist dabei, daß es nicht allein um materielle Vorteile geht, sondern daß fast ein berufsmäßiger Ehrgeiz zu beobachten ist, eine Art pervertierter Spielertrieb: Je zurückhaltender und mißtrauischer man sich gibt, desto eifriger wird man umworben.

Sehr beliebt ist folgender Trick: Man gaukelt dem Neuling vor, eine Entweichungsmöglichkeit oder diesbezügliche Verbindungen zu haben. Geht der Unerfahrene darauf ein, bringt man ihn unauffällig dazu, sich irgendwie schriftlich zu äußern. Diese Kassiber kann man verwerten, sei es als Legitimation bei den Angehörigen (falls man früher entlassen wird), sei es durch Verkauf an eine Illustrierte (nur bei prominenten Gefangenen sinnvoll). Eine Verwertung innerhalb der Anstalt im Sinne einer Denunziation kommt dagegen fast nie vor.

Wenn man sich überhaupt die Tageszeit bietet, so erfolgt das meist in Form einer Frage: »Was gibt's Neues?« An sich erscheint das identisch mit dem angelsächsischen »how do you do«, doch besteht insofern ein Unterschied, als letzteres nur eine rhetorische Frage darstellt, ohne daß eine spezifische Antwort erwartet wird, während sich in der Haft das ständige Bedürfnis nach Information dieserart artikuliert äußert. Hier erwartet man eine Antwort, die man (angereichert durch persönliche Kombinationen) weitergeben kann, um sich selbst interessant zu machen. So entsteht zwangsläufig ein Gewirr von Gerüchten, dem der Neuling hilfslos gegenübersteht, weil er fast nie den Wahrheitsgehalt nachprüfen kann.

Aus all diesem geht hervor, daß es zwischenmenschliche Beziehungen im Sinne eines freund-nachbarlichen Austausches kaum gibt, daß man sich allein behaupten muß und daß Mißtrauen allmählich zur zweiten Natur wird. Man ist fast nie allein und dennoch immer einsam. Daraus ergeben sich viele Verhaltensweisen, allerdings mit der Einschränkung, daß das vornehmlich auf sensible Insassen zutrifft.

11. Suizide, Selbstverletzungen und Simulationen

Durkheim* führt den Selbstmord auf den Verlust aller sozialen Bindungen zurück. Für eine Gesellschaft als komplexen Begriff ist das sicher zutreffend, in der Strafanstalt aber muß man insofern eine Einschränkung vornehmen, als die Mehrzahl der Insassen ohnehin aus mindestens gelockerten sozialen Bindungen kommt, ihren definitiven Verlust mithin nicht so deprimierend empfindet. Ersttäter, aus einer Konfliktsituation heraus straffällig geworden, reagieren gelegentlich mit einem Suizid beziehungsweise einem entsprechenden Versuch, sobald sie sich des Verlustes bewußt werden, wobei weniger der Verlust als solcher auslösend wirkt als das diesbezügliche Bewußtwerden. Es sind das Verhaltensweisen, die denen der Außenwelt entsprechen; hier können sie unberücksichtigt bleiben.

Gefangene, deren Denkweise hauptsächlich auf das Materielle ausgerichtet ist – die überwiegende Mehrzahl ist wegen Eigentumsdelikten bestraft –, werden durch die bei der Einlieferung erfolgte totale »Enteignung« besonders hart getroffen. Daraus entsteht eine Veränderung ihres Verhaltens, zunächst nur im Unterbewußtsein wirkend und sich erst sehr viel später in Symptomen äußernd, deren eigentliche Ursache man dann gewöhnlich nicht mehr ermitteln kann.

Normalerweise begreift sich der Mensch als Einheit aus Körper, Seele und Geist. Durch die völlige Trennung von dem als Lebensbasis so wichtigen Besitz tritt, zunächst unmerklich, der Körper aus dieser Einheit heraus, verwandelt sich aus einem Teilbereich des Ego in den Restbesitz des Ich. Zwar hat man die Verfügungsgewalt über nahezu alles verloren, nicht aber diejenige über den eigenen Körper, mit dem

* Emile Durkheim (1858–1917), französischer Soziologe, schrieb u. a. ›Le suicide‹ (1897).

man noch nach Gutdünken verfahren kann. Mit dem Erwerb neuen Besitzes (Kleinigkeiten, die aber für das Dasein im Gefängnis von unerhörter Bedeutung sein können) normalisiert sich diese Einstellung in den meisten Fällen wieder, doch bleibt sie noch lange erkennbar in folgenden Verhaltensweisen: Man kann seinen Körper entweder als Waffe benutzen, ihn ausbeuten oder auch gewollt zerstören. In jedem Falle sind aktive und passive Zielprojektionen möglich.

Als Waffe wird der Körper eingesetzt bei sportlichem Training, bei Judo- und Karateübungen. Angestrebt wird dabei nicht die Erlangung von Preisen und Auszeichnungen, sondern die Erhaltung und Förderung der vollen Leistungsfähigkeit gegebenenfalls für Entweichungsversuche. Die eigentliche Tendenz ist nicht das Wollen, sondern das Können im Bedarfsfalle.

Ein junger Gefangener erkrankte an Tbc. Während er vorher ziemlich unauffällig lebte, begann er nach Abschluß der Behandlung mit einem überaus intensiven Karatetraining, um das quälende Bewußtsein körperlicher Hinfälligkeit zu kompensieren. Interessanterweise benutzte er bei einem später versuchten Angriff auf einen Beamten aber nicht seine eigene Handkante, sondern eine leere Flasche, erstere war nur als Ultima ratio gedacht.

Im passiven Sinne wird der Körper als Mittel der Erpressung und Nötigung eingesetzt: Man droht mit einem Suizid ganz offen, beginnt sogar mit den entsprechenden Vorbereitungen, bleibt dabei aber darauf bedacht, ernsthafte Verletzungen zu vermeiden (die Schlinge wird aus einem Material geknüpft, welches reißen muß, man schnitzelt an den Pulsadern herum, wenn man sicher sein kann, daß in wenigen Augenblicken jemand die Zelle betreten wird). Im Hinblick auf eine stets mißtrauische Öffentlichkeit ist ein Selbstmord für jede Anstaltsleitung peinlich. Darauf wird bewußt spekuliert, um somit eine vermehrte Rücksichtnahme oder die Erfüllung von Sonderwünschen zu erreichen. Da es im Einzelfalle ungemein schwierig ist, ein solches Verhalten von echtem Lebensüberdruß zu unterscheiden, entspricht der Erfolg meist den Erwartungen und reizt zu Wiederholungen. Ist erst einmal dieses Stadium erreicht, kann man mit hoher Wahrscheinlichkeit auf die beschriebene Verhaltensweise schließen, da ein Selbstmörder aus Überdruß nur äußerst selten sein einmal mißglücktes Vorhaben nach einem längeren Zeitraum wiederholt.

In diesen Bereich ist ferner einzuordnen die absichtlich herbeigeführte Selbstverletzung zum Zwecke der Freistellung von der Arbeitspflicht. Sie führt nur ganz selten zur Selbstverstümmelung im eigentlichen Sinne, was verständlich wird, wenn man bedenkt, daß der Körper als einziger Besitz ja einen hohen Wert darstellt. In jeder Anstalt sind die »Schlucker« bekannt, Männer, die alle nur denkbaren Gegenstände verschlingen, um revierkrank geschrieben zu werden, bis die Fremdkörper meist auf natürliche Weise wieder zutage gefördert werden. Komplizierter dagegen ist der sogenannte »Sputnik«, zwei kreuzweise durch ein Gummibändchen verbundene Stahlnadeln. Die dadurch erzeugte Spannung wird vorübergehend aufgehoben, indem man die Nadelspitzen mittels Zigarettenpapier zusammenfügt. So entsteht ein langer Gegenstand, der geschluckt wird. Durch die Peristaltik und Einwirkung des Magensaftes löst sich das Papier, spreizen sich die Nadeln wieder und können den Magenausgang nicht passieren. Ein chirurgischer Eingriff und wochenlanger Lazarettaufenthalt sind die erwünschte Folge, die verbleibende Narbe wird als wenig hinderlich in Kauf genommen.

Ein Gefangener überstreckte in gewissen Abständen abends heimlich seinen vierten Finger, bis eine starke Schwellung und scheinbare Versteifung eintrat. Da er sich früher einmal einen inzwischen längst ausgeheilten Kapselriß an diesem

Gelenk zugezogen hatte, brachte er es fertig, eine chronische Schädigung vorzutäuschen und damit eine Freistellung von der Arbeit zu erlangen.

Aufschlußreich war auch die gespannte Aufmerksamkeit, mit welcher die Teilnehmer des Erste-Hilfe-Kurses die graphische Darstellung des Gefäßsystems betrachteten. Da ich anschließend von zahlreichen anderen Gefangenen besonders danach befragt wurde (ich wurde mehrfach von anderer Seite vorher auf das potentielle Risiko angesprochen), hätte man annehmen können, daß nun in der Folgezeit die Suizidversuche in »geeigneter Form« unternommen würden. Das Gegenteil war der Fall: ein Mann, der sich nachweislich vorher eingehend bei einem Teilnehmer erkundigt hatte, brachte sich – Längsschnitte am Unterarm bei, hatte sorgsam den Verlauf der Hauptgefäße ausgespart.

Der eigene Körper als relativ hoher Nutzwert tritt ebenfalls in zwei Varianten in Erscheinung.

Die aktive Form äußert sich in einem rücksichtslosen Raubbau lediglich um der dadurch erzielten höheren materiellen Effekte willen (sehr oft zu beobachten bei notorisch arbeitsscheuen Insassen). Darunter fällt die Gruppe der Gefangenen, welche sogenannte Freizeitarbeit verrichten, sich abends noch Material auf die Zelle mitnehmen und bis in die Nacht hinein bei kümmerlicher Kerzenbeleuchtung werkeln ohne Rücksicht darauf, daß sie sich durch die völlig verbrauchte Luft in dem engen Raum und das unzureichende Licht Atemwege und Augen ruinieren. Dabei stört es nicht, daß sie den somit zusätzlich verdienten Kaffee fast ausschließlich als Stimulans gegen die zunehmende Müdigkeit verwenden müssen.

Die passive Form äußert sich in einer übertriebenen Hege des eigenen Körpers. Man darf das nicht verwechseln mit der in der Haft ebenfalls weit verbreiteten Hypochondrie als der Einbildung vorhandener Krankheiten, während man in diesem Falle bestrebt ist, jede nur irgend mögliche Gefährdung auszuschließen. In diese Gruppe gehört beispielsweise der Mann, welcher seinen gesamten Einkauf in Form von Zitronen tätigt, und jener, der die für andere Gefangene verordnete Frischmilch aufkauft und allein trinkt, den man nicht davon überzeugen kann, daß ein Abusus genauso schädlich ist wie ein Mangel.

In einer dritten Gruppe könnte man die Verhaltensweisen zusammenfassen, die aus einem verzweifelten Nihilismus heraus ihre Körper schädigen oder gar zerstören wollen etwa im Sinne der alten Spruchweisheit: »Holt der Teufel die Kuh, soll er auch das Kalb holen.« Sonderbarerweise versuchen diese Menschen fast nie die totale Zerstörung mittels Suizid, sondern empfinden ein geradezu masochistisches Behagen beim allmählichen Herunterwirtschaften. Dazu gehören viele exzessive Masturbanten und die Männer, welche vergällten Industriealkohol oder ähnliche Substanzen trinken, obgleich sie über die Schädlichkeit genau informiert sind. Auch dieses Verhalten kann man als aktiv bezeichnen, denn der Effekt wird bewußt und gewollt herbeigeführt.

Die passive Komponente besteht in einer absichtlichen Vernachlässigung des Körpers, Unterlassen von Waschungen, Zahnpflege und so weiter. Außerdem gehören dazu die Gefangenen, die zwar echte Beschwerden und Krankheitssymptome haben und dennoch nicht den Arzt aufsuchen, die sich treiben lassen nach der infantilen Auffassung: »Es geschieht meiner Mutter ganz recht, wenn ich mir die Hände erfriere, warum zieht sie mir keine Handschuhe an.«

Eine Verhaltensweise fällt aus dem Rahmen. Ich erwähne sie dennoch, weil man sie hin und wieder beobachten kann und ich sie in unfreiwilligem Selbstversuch an mir feststellen mußte.

Jede Anstaltsleitung weiß aus Erfahrung, daß die tatsächliche Suizidgefahr besonders akut ist unmittelbar nach der Inhaftierung und dann wieder nach der Urteilsverkündung.

Sie reagiert darauf durch die Anordnung ständiger Überwachung und Beleuchtung der Zelle auch während der Nachtstunden. Der ohnehin auf ein Minimum reduzierte Rest des »Selbstbestimmungsrechtes« wird dadurch derart unerträglich eingeschränkt, daß man sich geradezu herausgefordert sieht, noch weiter auszuweichen in einen Bereich, über den man gerade noch verfügen kann: das nackte Leben. Je emsiger man seitens der Verwaltung darauf bedacht ist, gerade dieses zu erhalten, desto mehr wird es vom Inhalt zum Objekt. Trotziges Aufbegehren, verzweifelte Hoffnungslosigkeit und ein fast sportlicher Ehrgeiz, ein offensichtlich lückenloses System zu überspielen, verbinden sich zu einer explosiven Mischung. Man beabsichtigt zwar nicht den Suizid, doch sinnt man tagelang darüber nach, Möglichkeiten dafür ausfindig zu machen. Man will das Leben nicht wegwerfen, weil es wertlos geworden ist, sondern sich selbst beweisen, daß man es wegwerfen könnte, weil – andere es für wertvoll halten. Als ich trotz aller Überwachung und regelmäßigen Filzung auf dem Spazierhof den Rest einer alten Rasierklinge an mich gebracht und außerdem einen Absud aus gebrauchten Zigarettenfiltern hergestellt hatte, der sich schon bei ganz geringer Dosierung als ungemein wirksam erwies, gewann ich überraschend schnell einen Teil meiner inneren Souveränität zurück.

Dieses Verhalten ist nicht zu verwechseln mit der »heroischen« Selbsttötung, um nicht »in die Hand des Feindes zu fallen, nicht von ihm noch geschändet zu werden«. Man ist längst völlig in der Hand des »Feindes«, ist durch den Freiheitsentzug bereits »geschändet«, es gibt nichts mehr, dem man sich durch einen Suizid entziehen könnte. Nicht das Lebensende ist bestimmend, sondern die Möglichkeit, es jederzeit nach eigenem Entschluß herbeiführen zu können.

Eine besondere Last für alle Anstaltsärzte sind die Simulanten, nicht die vielen kleinen Drückeberger, die man überall findet und die man meist schnell entlarven kann, sondern Gefangene, die mit geradezu fanatischer Energie ein Krankheitsbild, ungeachtet aller Strapazen, vortäuschen und solches über Jahre hinaus durchzuhalten vermögen.

Seit mehr als drei Jahren schleicht ein Mann in der typischen Haltung des Morbus Bechterew durch die Freistunden. Er trägt ein Stützkorsett, kann ohne Stock offensichtlich keinen Schritt tun, schlarrt mit den Fußspitzen über den Boden und muß den Nacken extrem anspannen, um überhaupt aufsehen zu können. Die Krankheit selbst ist klinisch nachweisbar, die progressive Entwicklung scheinbar auch. Schließlich wird der Mann in eine Spezialklinik eingewiesen, um die Chancen einer vielleicht doch noch möglichen Operation zu klären und flüchtet bereits zwei Tage später aus dem Krankenhaus, erweist sich als ungemein behende.

Die Grenze zwischen der sogenannten verbrecherischen Energie und unbezähmbarem Lebenswillen ist nicht leicht zu bestimmen.

12. Gefühlsausbrüche und Rauschzustände

In den mir bekannten Strafanstalten ist die pauschale Unterscheidung zwischen »haftgewohnt« und »Psychopath« gebräuchlich. Der ersten Gruppe wird die breite Masse der Insassen zugeordnet, die sich scheinbar in das Unabänderliche fügen, sich unauffällig verhalten und somit leicht zu leiten sind. Ihre Verhaltensweise gilt als normal, weil sie der Norm der Außenwelt entspricht. Und dennoch sind gerade sie es, welche die ganze Härte des Vollzuges fühlen müssen trotz ihres Wohlverhaltens. Dieses Paradoxon wird verständlich, wenn man berücksichtigt, daß zwar sämtliche Gefangene der gleichen Reglementierung unterworfen sind, der sich der »Haftgewohnte« widerspruchslos fügt, während der »Psychopath« sich dagegen auflehnt und dadurch nicht selten eine Milderung oder fühlbare Erleichterung erreicht.

Jeder Mensch hat bekanntlich eine psychische Reizschwelle; beim Choleriker liegt sie weitaus niedriger als beim Phlegmatiker und ist am höchsten wohl beim domestizierten Sklaven. In jedem Falle ist hier nur an die äußerlich erkennbare, keineswegs immer psychopathische Reaktion gedacht, der sich ein Beamter immer wieder konfrontiert sieht. Dementsprechend unterschiedlich erscheint ihm auch die Belastbarkeit des Gefangenen durch bürokratisch repressive Maßnahmen. Die Dienst- und Vollzugsordnung setzt einheitliche Maßstäbe, nach denen zunächst einmal zu verfahren ist. Erweist sich diese verlangte Norm als durchsetzbar, weil der davon Betroffene sie widerspruchslos hinnimmt, bleibt sie die Norm. Kommt es dagegen zur Auflehnung, zur haßerfüllten Beschwerde, zum wilden Gefühlsausbruch, so wird dadurch der Bereich »Ruhe und Ordnung« berührt; man muß entweder zu Zwangsmaßnahmen schreiten oder – zurückstecken, um die Reizfläche zu verringern. Das Ergebnis ist eine Kurve der Menschenführung mit unterschiedlichen Schwankungen.

Daraus entsteht ein folgenschwerer, weil bei oberflächlicher Betrachtung nicht erkennbarer Zielkonflikt. Ein tatsächlich psychisch Kranker wäre im eigentlichen Sinne nicht haftfähig und müßte hospitalisiert, wenigstens aber analysiert werden. Da das unter den derzeitigen Umständen nicht durchführbar ist und man ihn weiter verwahren muß, ihm als krankem Menschen aber Nachsicht schuldet, bleibt nur die vorhin erwähnte Methode des ständigen Nachgebens (absonderlich muten manche Urteile an, nach denen ein Täter zu jahrelanger Zuchthausstrafe und anschließender Unterbringung in einer Heil- und Pflegeanstalt veruteilt wird; entweder gehört ein seelisch Kranker nicht ins Zuchthaus, oder ein psychisch belastbarer, also haftfähiger Gefangener braucht nicht ins Landeskrankenhaus).

Es ist also eine bewußt in Kauf genommene Ungerechtigkeit, welche andere (die stillen, bedrückten) Menschen ihrerseits in die Psychopathie treibt. Oder anders ausgedrückt: Der psychisch Auffällige wird durch ständiges Nachgeben nicht gebessert oder gar geheilt, der Unauffällige aber wird seelisch krank gemacht, denn sein ohnehin gestörtes Persönlichkeitsbewußtsein wird weiter verschoben, indem er immer wieder daran erinnert wird, wie minderwertig er offenbar ist, weil man ihm keinerlei Rücksicht schuldet. Diese völlige Sinnlosigkeit als Methode wird erzwungen von einer ideologisierten Öffentlichkeit, die von der Anstaltsleitung einen kompromißlos humanen Vollzug fordert, der tunlichst ohne Disziplinarmaßnahmen auskommen und dennoch Ruhe, Sicherheit und Ordnung gewährleisten soll.

Bei den oft wilden Gefühlsausbrüchen mancher Insassen muß man unterscheiden zwischen echten Emotionen und pathologischen Reizzuständen. Der echte Gefühlsausbruch als Ausdruck des Temperaments ist eine legitime Reaktion. Jedes Lebewesen hat ein Naturrecht, sich aufzulehnen gegen den Zwang der Freiheitsberaubung. Wer alles über sich ergehen läßt, wirkt nur normal, in Wahrheit verhält er sich jedoch widernatürlich; entweder steht er unter der Einwirkung eines massiven psychischen Traumas, oder er ist dabei, ein solches zu akquirieren.

Es ist selbstverständlich, daß man in Strafanstalten mehr aggressive Psychopathen findet als anderswo und daß sie eine schwer bestimmbare, aber latente Gefahr darstellen. Hierbei muß allerdings berücksichtigt werden, daß es sich nur verhältnismäßig selten um Aggressionen im eigentlichen Sinne handelt (dem Beamten als Einzelperson gegenüber), sondern vielmehr um Regressionen (gegenüber dem Repräsentanten staatlicher Omnipotenz), also um Reaktionen auf möglicherweise weit zurückliegende Erlebnisse aus der Kindheit oder der Zeit im Fürsorgeheim.

Durch Nachgiebigkeit wird die in jedem Falle latente Gefährdung des Aufsichtspersonals beträchtlich reduziert, doch bleibt die Masse der Gefangenen ihr insofern weiter ausgesetzt, als sie ihrerseits auf den Aggressiven Rücksicht nehmen muß, wo sie selbst Rücksicht erwarten könnte. In einer Anstalt habe ich es erlebt, daß man leicht erregbare Insassen absichtlich zu bekannt ruhigen Leuten auf die Zelle legte im Vertrauen auf deren mäßigenden Einfluß. Ein derartiges Verfahren ist nicht einmal als Notlösung akzeptabel, weil es neben einer unzumutbaren Strapaze auch zu keiner anhaltenden Sanierung führen kann.

Wenn man davon ausgeht, daß die Mehrzahl der Insassen leicht beeinflußbar ist und sich weit infantiler verhält, als angenommen wird, mithin zur Nachahmung neigt, wird deutlich, daß das »Vorbild« eines heftigen Gefühlsausbruches mit den für den »Psychopathen« offensichtlich günstigen Folgen schnell Imitatoren findet.

Ich war kaum zwei Wochen in Haft, da machten mich erfahrene »Knastologen« darauf aufmerksam, welch ungeahnte Möglichkeiten ich aufgrund meiner Vorbildung in dieser Hinsicht hätte. Es müßte mir doch ein leichtes sein, so überzeu-

gend »verrückt zu spielen«, daß man die Absicht nicht erkennen könne. Als Gegenleistung verlangten sie lediglich entsprechende Tips für sich selbst.

Es gibt nicht wenig Insassen, die so »abgebrüht« sind, daß sie solche Gefühlsausbrüche sogar schriftlich ankündigen, indem sie auf Eingaben vermerken, sie würden ihre Zelle verwüsten und so weiter, wenn man ihr Anliegen nicht erfülle. Nicht selten erreichen sie schon dadurch ihr Vorhaben.

Schließlich gibt es noch eine Art heftiger Gefühlsausbrüche, die sich nicht gegen Beamte oder das System richten, sondern sich nur akustisch bemerkbar machen, weil es eigentlich Rauschzustände sind. In vielen Anstalten werden am Abend des monatlichen Einkaufstages sogenannte »Tee-Arien« veranstaltet. Es sind das gewöhnlich makabre Parties einer Zellengemeinschaft mit den verschiedenartigsten Ingredienzen als Substitut für den streng verbotenen und kaum zu beschaffenden Alkohol. So werden beispielsweise 200 Gramm Pulverkaffee der billigsten Sorte in einer mittleren Wasserkanne aufgebrüht und möglichst schnell von drei Männern getrunken. Die tonisierende und stimulierende Wirkung ist enorm und erzeugt starke sexuelle Lustgefühle, so daß ein derartiges Unterfangen nicht selten in orgiastischer Gemeinschaftsmasturbation endet. Ein weiteres einschlägiges Rezept besteht darin, 50 Gramm Tee, eine Kugelschreibermine (!), ein halbes Päckchen Tabak sowie 6 bis 8 Dolviran-Tabletten in einem Eimer aufzukochen und zu trinken. Robuste Naturen taumeln daraufhin halb irrsinnig in der Zelle umher, lärmen entsetzlich, weniger robuste müssen noch in der gleichen Nacht ins Krankenrevier geschafft werden.

Man könnte geneigt sein, auch diese provozierten Rauschzustände dem Komplex der Regressionen zuzuordnen, denn sie äußern sich hauptsächlich unter dem traditionell strengen Vollzugssystem. Mit zunehmender Liberalisierung dagegen verschwinden sie spontan. In der Strafanstalt Celle waren sie beispielsweise noch vor zwei Jahren eine Art ständiger Gewohnheit, man konnte das Getöse am Abend des Einkaufstages geradezu vorkalkulieren. Heute weiß die Mehrzahl der Insassen kaum noch, was unter einer »Tee-Arie« zu verstehen ist. Statt der früheren Orgien sind nun genüßliche Kaffeestunden am Einkaufstag üblich geworden: Die Gefangenen erwerben die Zutaten, stellen daraus leckere Torten her und verzehren sie bei einer guten, keineswegs besonders starken Tasse Kaffee, oder sie wenden (für ihre derzeitigen Einkommensverhältnisse) beträchtliche Mittel an den Erwerb eines vorgebratenen Hähnchens und dergleichen.

Ob diese so offensichtliche »Verbürgerlichung« gleichzusetzen ist mit einem Resozialisierungseffekt, bleibt fraglich. Die Tatsache, daß Rückfalltäter nach ihrer erneuten Einlieferung alsbald zu dieser Verhaltensweise zurückfinden, sich geradezu darauf freuen, spricht nicht dafür.

13. Rolle und Funktion

Die Gleichheit aller Gefangenen während der Haft ist eine ebenso naive Wunschvorstellung wie die sooft zitierte Gleichheit vor dem Gesetz. Das Kriterium ist nicht in dem induzierten Gleichmaß der Strafe beziehungsweise Behandlung zu sehen, sondern in der Wirkung, welche diese auf den Betroffenen haben. Der Vollzug kann dem einen ein relativ sorgenfreies Dasein ohne besondere Verantwortung und Leistung bei freier Kost und Logis bedeuten, dem anderen zerstört er die moralische und manchmal auch physische Substanz. Entscheidend ist weniger, was man mit einem Menschen macht, als das, was *er* daraus macht.

Je rigoroser der Vollzug gehandhabt wird, um den Willen des Insassen, oft allzu pauschal als »kriminelle Energie« apostrophiert, zu brechen, desto mehr zwingt man den Betroffenen in eine Abwehrhaltung, welche letztlich alle Verhaltensweisen beeinflußt. Diese selbst sind natürlich in vieler Hinsicht persönlichkeitsimmanent und werden letztlich reduziert auf primitive oder raffinierte Methoden, auf die niedrigste Ebene des reinen Existierens. Daraus entwickelt sich dann die eigentliche Subkultur, die nur entstehen kann in einer abgeschlossenen, wenigstens äußerlich nivellierten Gemeinschaft. Je humaner der Vollzug gestaltet wird, desto mehr wird eine derartige Gemeinschaft aufgefächert durch die wesentlich breiter gestreuten Vergünstigungen, die ihrerseits wieder ein neues soziales Gefälle schaffen, mithin Unterschiede untereinander hinsichtlich der Abhängigkeit. Oder mit anderen Worten: Neben die parallel vertikale (nicht solidarische) Abwehr nach oben tritt eine solche auf horizontaler Ebene; die oft haßerfüllte Furcht wird ergänzt durch eine ebenso haßvolle Mißgunst. Diese mehr passiv orientierten Reaktionen findet man vornehmlich bei Neulingen und jungen Gefangenen, während die alten erfahrenen

Rückfalltäter nicht selten ihrerseits repressiv wirken durch rücksichtsloses Ausbeuten einer Funktion beziehungsweise tatsächlich oder angeblich vorhandener Beziehungen.

Mit der Einlieferung sieht sich der Gefangene neben der Bipolarität von Beamtenschaft und Insassengruppe innerhalb der letzteren einem komplexen sozialen Gefüge gegenüber, welches in seiner Art genau so vielschichtig ist wie dasjenige, das er gerade verlassen mußte. Wenn er sich aber in der Außenwelt einer ihm unerträglich gewordenen Situation oder Entwicklung durch einen Wechsel des Arbeitsplatzes oder Wohnortes zu entziehen vermochte, so ist ihm das im Gefängnis unmöglich; er muß sich auf irgendeine Weise mit den gegebenen Verhältnissen auseinandersetzen, sich mit ihnen abfinden.

Alsbald erkennt er dann, daß dieses soziale Gefüge sich insofern ganz erheblich von dem der Außenwelt unterscheidet, als dort in der Regel der Beruf identisch ist mit dem Aufgabenbereich und dem damit verbundenen Sozialprestige. In einer Häftlingsgemeinschaft dagegen gibt es nur Funktionen, die zeitlich begrenzt von einzelnen ausgeübt werden, keine besondere berufliche Qualifikation voraussetzen und demgemäß auch kein Sozialprestige vermitteln. Letzteres ist allenfalls von dem betreffenden dienstlichen Teilbereich her auf den »Funktionär« delegiert, gewissermaßen aufgepfropft auf seine persönliche Rolle als Gefangener.

Während die Rollen (Harbordt S. 56ff.) in ihren Verhaltensformen annähernd konstant und damit bestimmbar sind, somit in ein neues Weltbild eingeordnet werden können, haftet den Funktionen ein Element der Instabilität an, teils vom Zufall her bedingt, teils auch bewußt herbeigeführt von der Verwaltung.

Da wird beispielsweise ein Gefangener aus der Anonymität herausgehoben und als Kalfaktor eingesetzt, weil er den sicherheitsdienstlichen Anforderungen entspricht, sauber und fleißig ist und vielleicht auch für gelegentliche Spitzeldienste verwendbar. Er wird dadurch gewissermaßen über

Nacht zu einem wesentlichen Faktor, mit dem man rechnen muß, da man in mannigfacher Weise von ihm abhängig ist. So wird man bestrebt sein, ein gutes Verhältnis zu ihm zu schaffen beziehungsweise ein solches zu erhalten und sich das »etwas kosten lassen«. Derart arrangiert, wähnt man sich wenigstens auf dieser Ebene abgesichert, und – muß eines Tages entdecken, daß der Kalfaktor abgelöst worden ist, weil er vielleicht zu unerträglich geschoben hat, oder einfach weil er grundsätzlich nicht länger als ein halbes Jahr diese Funktion ausüben darf. So tritt er zurück in das anonyme Nichts, und ein anderer übernimmt seine Stelle mit meist anderen Vorstellungen seines »Amtes«. Das gleiche gilt für nahezu alle Funktionen, die durch Insassen versehen werden.

Verzerrt wird dieses Verhältnis noch dadurch, daß der Kalfaktor bei aller institutionellen Instabilität seiner Position das einzig »stabile Element« auf seiner Station darstellt. Je häufiger die Beamten wechseln, desto mehr sind ihre jeweiligen Nachfolger oder Vertreter angewiesen auf die spezifischen Informationen des Hausreinigers, der ja immer anwesend zu sein hat und somit über alle Vorkommnisse auf der Station informiert ist. Es liegt auf der Hand, daß dadurch das in allen Strafanstalten übliche »do ut des« bis ins Unerträgliche strapaziert wird, worunter gerade der Neuling besonders zu leiden hat.

Die Vermutung, daß sich aus Funktionärspositionen Führerpersönlichkeiten entwickeln lassen, trifft nicht zu. Abgesehen davon, daß Einfluß allein noch keine Qualifikation darstellt, schon gar nicht, wenn er eng gebunden ist an die zeitlich begrenzte Funktion, erfolgt die Auswahl ja nach ganz anderen Gesichtspunkten, wie oben erwähnt. Außerdem gerät der Funktionshäftling infolge seiner »dienstlichen« Obliegenheiten sehr leicht in Konflikte mit anderen Gefangenen, und sei es auch nur, weil diese ihn ob seiner (vielfach überschätzten) besseren Möglichkeit beneiden. Vermutlich ist der routinebedingte Wechsel absichtlich vorgesehen, um das Entstehen einer »Gefangenenelite« zu verhindern.

Nur einzelne Funktionshäftlinge behalten unter Umständen jahrelang eine Art Schlüsselstellung mit teilweise beträchtlicher Verantwortung (Bücherei-Kalfaktor, Verwaltungsschreiber, Betriebsschreiber und ähnliches), doch sind sie gerade dadurch meist so mit der Beamtenschaft verbunden, daß sie darüber hinaus keine Führungsrolle beanspruchen, diesbezügliche Ansinnen sogar fast immer ablehnen, um nicht zusätzlich ihre ohnehin schwierige Zwitterstellung zu belasten.

Daher kann ich Harbordt nicht zustimmen, wenn er vermehrte Auseinandersetzungen beziehungsweise eine Zunahme von Schlägereien auf Differenzen zwischen alter (durch Funktion etablierter) und neuer (privilegierter) Führerschicht zurückführt. Eine alte Führerschicht im eigentlichen Sinne gibt es nicht; eine neue, allerdings erst in Ansätzen erkennbare läuft allenfalls parallel dazu, ohne eine Konkurrenz darzustellen. Ihre Vertreter sind gar nicht interessiert an der Übernahme von Funktionen, sie sehen ihr Betätigungsfeld im politischen Bereich, im Rahmen von Diskussionsgruppen und so weiter.

Die Funktionen im Gefängnis sind infolge ihrer Dotierung nicht gerade geeignet, einen labilen Gefangenen in seiner inneren Haltung zu festigen. Seine Verhaltensweisen werden immer vordergründig materiell orientiert bleiben, die permanente Mangellage zwingt förmlich dazu. Im Gegensatz zu der Mehrheit der Insassen, die irgendwie produktiv eingesetzt sind und deren Arbeitsbelohnung meist nach dem Leistungsprinzip gestaffelt ist, wird der Hausarbeiter (Funktionär) als Tagelöhner besoldet, weil eine einigermaßen zutreffende Norm für seine Leistung ja nicht ermittelt und fixiert werden kann. Er wirkt nicht produzierend sondern konservierend. Die Bezahlung erfolgt aus Etatmitteln, die Zahl der jeweils eingesetzten Hausarbeiter ist nicht abhängig von dem Arbeitsanfall, sondern von dem »Stellenplan«. So entstehen beträchtliche Unterschiede hinsichtlich des eigentlichen Arbeitsaufwandes, gibt es Funktionen, die dem damit Betrauten kaum Freizeit lassen, und solche, die ihm ein relativ geruhsames Dasein ermöglichen; gleichmäßig ist nur die Arbeitsbelohnung, weil da der Ermessensspielraum der Verwaltung recht gering gefaßt ist.

Der Hausarbeiter ist im Gegensatz zu den in einem Betrieb tätigen Gefangenen nicht in der Lage, sein Einkommen durch zusätzlich vermehrte Leistung aufzubessern, und beginnt meist alsbald, Vorteile aus seiner Funktion zu ziehen. Das ist fast zwangsläufig die Folge der kuriosen Lage, in der Männer, die Zugang zu wertvollen Beständen haben, dafür die geringste Belohnung bekommen. Schon bei moralisch völlig integren Menschen ist der Verführungsaspekt beträchtlich. Bei ständig überbeanspruchten Funktionshäftlingen kommt noch das deprimierende Bewußtsein hinzu, ausgebeutet zu werden. Die labilen Insassen, und das ist die Mehrzahl, unterliegen fast alle früher oder später der Anfechtung und beginnen, die ihnen zugänglichen Bestände »außerhalb der Legalität« zu verteilen. Je rigoroser die Kontrollen durchgeführt werden, desto mehr wird zusätzlich noch ein fast sportlicher Ehrgeiz aktiviert, durch besonders raffinierte Fingerfertigkeit oder Geschicklichkeit die Verwaltung zu überspielen.

Beim liberalisierten System mit seinen vielfältigen Möglichkeiten der Freizeitgestaltung entstehen alsbald Verhaltensweisen, die sich insofern von den bisher dargestellten unterscheiden, als die »Rolle«, die der einzelne zu spielen wünscht, bestimmend ist für die Funktion, die er sich schafft, die er für sich selbst aufbaut. Ob sich daraus mit der Zeit eine neue »Führungsschicht« bilden läßt, muß abgewartet werden. Die Methode, mit der solche zusätzlichen Positionen erlangt werden, ist konstant und nur in Details der jeweiligen Gegebenheit angepaßt.

Man betätigt sich – »selbstverständlich ganz uneigennützig« – in einer oder mehreren Freizeitgruppen, organisiert vielleicht auch selbst eine solche oder beteiligt sich an einer gemeinnützigen Aufgabe wie beispielsweise an der Redaktion einer Anstaltszeitung. Man erweist sich als anstellig und stets eifrig und beginnt allmählich, die errungene Position unmerklich zu institutionalisieren, indem man einen Schriftverkehr provoziert, der mit der Zeit den »freiberuflich Tätigen« auslastet. Beharrlich weigert man sich, eine geringe Arbeitsbelohnung anzunehmen und ist großzügig zufrieden mit gelegentlichen Freigaben aus dem Eigengeld. Je bescheidener man sich gibt, desto schneller erreicht man sein Ziel: Die nur »zurückhaltend zu gewährenden Vergünstigungen« werden in einen moralischen Anspruch verwandelt. Die Verwaltung beziehungsweise ihre Repräsentanten fühlen sich einfach verpflichtet, etwas für den Unermüdlichen zu tun, und sind darüber hinaus noch erleichtert, die karg bemessenen Etatmittel nicht weiter beanspruchen zu müssen.

Unmerklich gelangt der Gefangene damit in eine starke Position, die er ziemlich leicht in die eines Günstlings umwandeln kann, aus der heraus er andere Insassen oder untergeordnete Beamte seinen Einfluß fühlen läßt. Daraus ergeben sich natürlich Spannungen, doch sind sie gewöhnlich persönlicher Art, denn als neue Führungsgruppe werden solche Männer nicht akzeptiert; ihre Einwirkung bleibt beschränkt auf Mitgefangene, die irgendwie von ihnen abhängig sind, denen sie eventuell Vorteile zu verschaffen vermögen. Es sind das in der Regel Rollen, die erst spielbar werden vor dem Hintergrund der angeeigneten Funktion, wobei deren Nützlichkeit an sich keineswegs in Frage gestellt werden darf.

Von eminenter Bedeutung für den Neuling ist das Spitzelwesen. Angefangen von dem »Spion«, dem Guckloch in der Zellentür, durch das man jeden Winkel einschließlich des Klosetts jederzeit überblicken kann, ohne selbst gesehen zu werden, bis hin zu den Denunzianten sieht man sich umgeben von einem Spinnennetz der fast lückenlosen Überwachung.

Das traditionelle System wähnte, aus Sicherheitsgründen darauf nicht verzichten zu können, womit es zum selbstverständlichen Attribut im Gefängnis wurde. Die Verwaltung honorierte die Spitzeldienste mit dem knappen und daher begehrten Tabak und bekam dafür mehr oder weniger brauchbare Informationen, verästelte so die Kontrolle bis in alle Einzelheiten. Das dadurch auf der Seite der Insassen ausgelöste ständige Mißtrauen verhinderte jede Vertraulichkeit untereinander, aber die Denunzianten wurden früher oder später erkannt, man mied sie tunlichst und gab ihre Namen nicht selten dem Neuling bekannt, wodurch sie weitgehend neutralisiert wurden.

Das liberalisierte System schaffte diese Art des Spitzelwesens ab, wollte dadurch dem einzelnen Gefangenen einen vertretbaren Intimbereich zubilligen. Synchron damit erfolgt die weit großzügigere Genehmigung von Vergünstigungen sowie eine umfangreiche Freizeitgestaltung. Da derartige Zugeständnisse natürlich an gewisse individuelle Voraussetzungen gebunden bleiben müssen (der notorisch Arbeitsscheue kann keine Bastelgenehmigung beanspruchen), entstehen Unterschiede, entwickelt sich Mißgunst und ein Hang zur zwangsweisen Nivellierung: Was ich nicht haben darf, soll der andere auch nicht haben.

Das Produkt dieser Denkweise ist eine ganz neue Art des Denunziantentums; der Strom von Informationen ist bei der Verwaltung mindestens ebenso breit wie bisher, ohne daß es jetzt eines besonderen Anreizes bedarf.

Für den Insassen bedeutet das ein Element zusätzlicher Unsicherheit, denn nun kann jedermann, auch der »Freund« von heute, der potentielle Verräter von morgen sein. Wenn man von einer Zunahme der Schlägereien seit Einführung des liberalisierten Systems sprechen will, so dürfte hier eine der wesentlichen Ursachen zu suchen sein. Allerdings muß auch in diesem Zusammenhang darauf verwiesen werden, daß es noch verfrüht erscheint, ein Urteil abzugeben; der Umstellungsprozeß ist noch längst nicht abgeschlossen. Nur in sich fixierte Systeme erzeugen annähernd konstante Verhaltensweisen.

Den von Harbordt beschriebenen »Tabak-Baron« gibt es, was die Rolle anbelangt, auch hier, doch deutet die angelsächsische Bezeichnung auf eine dominante Stellung hin, eine Art Großhändler, der über die begehrte Mangelware verfügt. Damit verbunden ist offenbar ein gewisses Ansehen jedenfalls hinsichtlich wirtschaftlicher Potenz. Den Händler gibt es auch hierzulande, doch ist es mehr der Typ des kleinen Handelsmannes, der mit wucherischen Zinsen arbeitet, den man zwar braucht und dennoch verachtet analog dem Verhältnis, welches die meisten Männer zu den Prostituierten haben.

Ein Experiment, welches in Celle durchgeführt wurde, ergab bemerkenswerte Ergebnisse:

Um dem üblen Wucher wirksam zu begegnen, wurde seitens der Verwaltung eine Clearing-Stelle geschaffen, wo Insassen auf Kredit eine gewisse Menge Tabak, Kaffee oder Tee im Vorgriff beziehen konnten ohne jeden Zinsaufwand und lediglich mit der Verpflichtung, die Schulden am Tage des nächsten Einkaufes zu regulieren. Etwa zwei Monate bewährte sich diese Methode so gut, daß einige der Händler bitter zu klagen begannen. Dann aber hatten ihre bisherigen Kunden das Kreditlimit einfach einkalkuliert, zahlten zwar pünktlich ihre Schuld zurück, doch nahmen sie noch am gleichen Tag neue Schulden auf, um das Manko abzudecken. Der Kundenkreis der Händler war zwar reduziert worden, doch blieb ein Kundenstamm.

Das Experiment wurde abgebrochen, nachdem ein Verkaufsstand eingerichtet wurde, wo ein- bis zweimal wöchentlich eingekauft werden kann, um auf diese Weise die lange und oft auch provozierende Vorratshaltung zu vermeiden.

Der Kundenstamm der Händler blieb auch davon unberührt, verändert wurde mit der Zeit lediglich die Form der Rückzahlung: aus dem Verleih gegen hohen Zins wurde die Lieferung gegen Bargeld, welches teils hereingeschmuggelt, teils von Angehörigen an eine Deckadresse draußen überwiesen wird, eine Methode, die zwar früher auch gängig war, doch erheblich größere Risiken beinhaltete.

Daraus scheint sich zu ergeben, daß die Mangellage allein nicht bestimmend ist für die Nachfrage nach illegalen Bezugsmöglichkeiten, sondern daß es hauptsächlich die mangelhafte Haushaltsführung des einzelnen ist, die zur chronischen Mangellage führt.

In diesem Zusammenhang muß auch der Handel mit pornographischen Erzeugnissen erwähnt werden, der eine ganz ähnliche Entwicklung aufweist. Ungefähr bis zum Jahr 1968 war der Bezug von illustrierten Zeitungen grundsätzlich verboten mit der Begründung, die oftmals darin enthaltenen Frauenbilder würden stimulierend wirken und den Hang zur Onanie unerträglich steigern. Desgleichen war der Besitz von Aktphotos aller Art streng untersagt. Es wurde dennoch onaniert, lediglich im Untergrund etablierte sich ein Handel mit solchen Bildern aus »eigener Produktion«. Sie wurden hergestellt, indem man die Konturen des weiblichen Körpers (Reklamedarstellungen für Unterwäsche und so weiter aus der Tageszeitung) durchpauste und diese ergänzte durch teilweise scheußlich eindeutige Markierung äußerer Geschlechtsmerkmale. Trotz schärfster repressiver Maßnahmen gelang es nicht, diese Gepflogenheit zu unterbinden.

Der Besuch des Gottesdienstes war zu jener Zeit erfreulich zahlreich, jeder kam dazu mit dem Gesangbuch in der Hand. Es waren durchweg die gleichen Ausgaben, von der Landeskirche dafür zur Verfügung gestellt. Sie konnten daher jederzeit unauffällig getauscht werden und wurden aus naheliegenden Gründen nie kontrolliert, so daß man nicht herausbekam, daß in ihnen massenhaft Aktzeichnungen ver-

borgen waren und auf diese Weise den Empfänger erreichten.

Auch aus diesem Beispiel wird deutlich, daß trotz aller Kautelen eine Fragebogenaktion leicht zu Trugschlüssen führen kann, wenn sie ohne spezifische Milieukenntnis durchgeführt wird.

Das liberalisierte System brachte unter anderem auch die Lockerung der strengen Isolierung und damit die Möglichkeit, leichter etwas hereinzuschmuggeln. So gelangte auch Pornoliteratur aus skandinavischen Ländern in die Anstalt und fand zunächst reißenden Absatz (ein solches Heft wurde pro Nacht gegen ein Päckchen Tabak verliehen). Nach einigen Monaten ließ das Interesse spürbar nach, teils weil das Überangebot den Preis drückte, teils weil die Männer infolge der Lockerung der Besuchsregelung häufiger Frauen zu Gesicht bekamen. Auch hier wurde aus dem anfänglichen großen Kundenkreis ein verkleinerter aber zuverlässiger Kundenstamm mit offenbar triebhaftem Interesse. Nach zuverlässigen Angaben mehrerer Händler sind es jeweils nur etwa fünf Prozent der Insassen, die zu dem festen Kundenstamm gehören, dementsprechend gering ist das Ansehen, welches die Händler selbst in der Häftlingsgemeinschaft genießen.

14. Verhältnis zur Beamtenschaft

Eine heterogene, zwangsweise zusammengeführte Masse von Männern muß in einer Strafanstalt geführt, beaufsichtigt, verwahrt und betreut werden von einer Berufsgruppe, die im Laufe der Zeit in ihrem Sozialprestige so mannigfachen Wandlungen unterworfen war wie kaum eine andere. Bei dem inhumanen Vollzug um die Jahrhundertwende war der Beamte eine Art Mittelding zwischen dem allseits diffamierten Henker und einem Staatsbediensteten niedrigster Gehaltsgruppe. Die Volksmeinung versagte einem Menschen Ansehen und Achtung, zu dessen Lebensaufgabe es gehörte, freiwillig unter »Spitzbuben« zu leben. Eine spätere Epoche paßte die Uniform als Statussymbol der des Militärs an, gab dem Beamten einen Säbel und entsprechende Rangabzeichen. In der Diktatur schließlich wurde der Berufsstand weitgehend dem der einflußreichen Polizei angeglichen. Das liberalisierte System wiederum will nicht nur in der Polizei »den Freund und Helfer« sehen, sondern überträgt dem Vollzugsbeamten eine ähnliche Aufgabe, indem er nun vornehmlich dem Gestrauchelten beizustehen hat, wieder ein rechtes Leben zu führen. Eine längst mißtrauisch gewordene Öffentlichkeit führt die vielfach immer noch vorhandene Rückständigkeit des Vollzuges in erster Linie auf die mangelhafte Ausbildung und vermeintlich fragwürdige Herkunft der Beamten zurück. Ist aber der Vollzug human und entsprechend gelockert, so steigt die Zahl der Entweichungen, die dann wieder auf die Fahrlässigkeit der »Gefangenenwärter« zurückgeführt wird, obgleich man sich längst daran gewöhnt hat, beispielsweise im Zoo von »Tierpflegern« zu sprechen.

Diese fast hektischen Schwankungen des Sozialprestiges bekommen hauptsächlich die Ehefrauen der Beamten zu fühlen, die meist empfindlich reagieren, wenn der berufliche

Status des Ehemanns in Frage gestellt wird. Mancher Beamte sieht sich somit zuhause einer latenten Regression ausgesetzt, der Abwehrhaltung gegenüber einer vermeintlich verächtlich abwertenden Umwelt. Als Zanksucht und Nörgelei bekommt er sie zu fühlen. Der früher gültige Ausgleich im Sinne einer beamtenrechtlich gesicherten Zukunft spielt heute keine große Rolle mehr, längst weiß der Beamte sich unterbesoldet.

Diese in groben Zügen dargestellten, fast überall geltenden Voraussetzungen muß man berücksichtigen, wenn man das Verhältnis zwischen Beamten und Insassen untersuchen will. Meist unterbewußt, aber nachhaltig beeinflussen sie die Einstellung der ersteren gegenüber den Gefangenen und lösen dadurch nicht selten auf deren Seite Reaktionen aus, die ihrerseits gefärbt sind von der allgemeinen Abwehrhaltung gegenüber der Omnipotenz des Staates. Daran ändert auch eine verbesserte psychologisch-pädagogische Ausbildung der Beamten nichts, denn eine solche kann lediglich Hilfsmittel sein.

Im traditionellen Vollzug suchte und fand der Beamte mit Betreten des Anstaltsgeländes oft das Selbstbewußtsein wieder, welches ihm zuhause versagt blieb. Man muß sich einmal in die Lage eines Menschen versetzen, dem daheim ständig geklagt wird, wie schlecht wieder einmal die Presse und die Leute über seine Kollegen geschrieben und geredet hätten, wie kümmerlich daneben die eigene finanzielle Lage sei verglichen mit der des Facharbeiters von nebenan. Diesen Vorhaltungen entging der Mann durch den täglichen Gang zum Dienst; mit dem Anlegen der Uniform wurde er ein anderer Mensch, und zwar nicht nur innerlich, sondern auch in seiner sozialen Position. Draußen mußte er grüßen, auf seiner Station mußte er gegrüßt werden, draußen wurde er allenfalls angesprochen, hinter den Gittern hatte der Gefangene erst zu reden, wenn er dazu aufgefordert wurde. Draußen sah er sich nahezu auf der untersten Stufe des Sozialprestiges, war subaltern, drinnen hatte er als Vorgesetzter Männer unter sich, die überhaupt kein Sozialprestige mehr besaßen, draußen galt er als winziges Rädchen, drinnen war er eine Instanz.

Dieses ständige psychische Wechselbad beeinflußte naturgemäß Umgangston und Verhaltensweise. Die ganz natürliche Genugtuung über den aufwertenden Ausgleich führte sehr oft dazu, einen etwas gönnerhaften Ton anzuwenden, mit dem Gefangenen in Monologen zu sprechen, ihn kaum zu Wort kommen zu lassen, um ihn (unterbewußt) den Unterschied zwischen einem rechtschaffenen Bürger und dem Rechtsbrecher fühlen zu lassen.

Der Gefangene seinerseits, ohne Kenntnis dieser kausalen Zusammenhänge, möchte gern selbst auch zu Wort kommen, hat nicht selten infolge langer Einzelhaft ein angestautes Redebedürfnis. Kann er dieses nicht befriedigen, fühlt er sich zusätzlich unterdrückt, reagiert vielfach ungewollt scharf bis zu frecher Abwehr.

Das fordert natürlich das soeben erst wiedergewonnene Prestigegefühl des Beamten heraus, der sich reduziert wähnt auf die häusliche Ausgangsstellung und seinerseits emotional reagiert. Dadurch wird eine verhängnisvolle Eskalation ausgelöst, der Gefangene gilt als renitent, keines vernünftigen Zuspruches würdig, als unzugänglich, im »Wahrnehmungsbogen« wird ein entsprechender Vermerk gemacht.

Andere Insassen wieder lauschen scheinbar andächtig der Suada und beurteilen, ebenfalls ohne Kenntnis der Kausalzusammenhänge, den Beamten aus ihrer Sicht, halten ihn für einen schwatzhaften Trottel, der nie imstande ist, das Arbeitstempo der freien Wirtschaft durchzuhalten.

Kommt der Beamte abends erschöpft nach Hause, so will er oft belastende Erlebnisse loswerden, vielleicht auch nochmals den ausgleichenden Tagesablauf durchwandern. So berichtet er seiner Frau davon, ohne zu bedenken, daß diese gar nichts davon hören will, um nicht ständig an die wenig angesehene Position ihres Mannes erinnert zu werden. So entsteht nicht selten bei dem Beamten die gleiche Frustration wie tagsüber bei dem Gefangenen: ein Gefühlsstau mangels ausreichender Artikulationsmöglichkeit. Es ist nur wenig bekannt, daß schon seit vielen Jahren nervöse Herz- und Magenleiden zu einer Art Berufskrankheit der Vollzugsbeamten geworden sind. Ein ambulant in der Strafanstalt Lingen tätiger Arzt bestätigte mir, daß man aus dem Symptomenkomplex auf den Beruf des Patienten schließen könne.

Der liberalisierte Vollzug bedeutet für den Beamten eine grundlegende Änderung dieser Wechselwirkung: Aus der partiellen Frustration wird eine totale. Das Sozialprestige ist noch weiter abgesunken, weil eine antiautoritär ausgerichtete Sensationspresse sich vornehmlich der Gefangenen annimmt und Übergriffe einzelner Bediensteter verallgemeinert. Dem unbefangenen Leser wird dadurch ein verzerrtes Bild vermittelt und dieser reflektiert es auf die Ehefrau. Läßt diese es den Ehemann fühlen (meist einfach aus ihrer inneren Wehrlosigkeit heraus), so kann er nun den Ausgleich nicht mehr auf seiner Station finden. Das moderne System ist bemüht, möglichst ohne repressive Maßnahmen auszukommen, und vermeidet jede nicht unbedingt erforderliche Hausstrafe. Da der Beamte Verbalinjurien seinerseits nicht mit entsprechenden Ausdrücken beantworten darf und erst recht nicht handgreiflich werden kann, bleibt ihm nur die Möglichkeit einer Meldung, die aber nur noch ganz selten zu einer fühlbaren Sanktion führt. So muß er unter Umständen massive Beleidigungen einstecken, was auf die Dauer jedem einigermaßen ehrbewußten Manne unerträglich sein muß. Der daraus entstehende neue Gefühlsstau kann zu Hause erst recht nicht gelöst werden, weil durch eine Schilderung der Vorkommnisse die virile Position des Mannes nun in Frage gestellt würde.

Dem Beamten bleiben zwei Möglichkeiten, sonst unvermeidbaren psychischen Schäden zu entgehen: Er kann einmal in den Gefangenen gewissermaßen »liebe Kinderchen« sehen, unartige Rangen, die noch nicht voll haftbar sind für ihr Tun, und sie nachsichtig gewähren lassen. Oder er sieht in ihnen »Verrückte«, denen man eine gewisse »Narrenfreiheit« zubilligen muß, weil auch sie nicht voll verantwortlich sind.

Ihm selbst erleichtert das zwar das Durchhalten, doch entspricht die Wirkung keineswegs der Zielprojektion einer echten Resozialisierung. Der Gefangene fühlt sich bestätigt in seiner Widersetzlichkeit, steigert sie seinerseits bis zur Unverschämtheit, die ihm schließlich zur zweiten Natur wird, weil sie seiner Regression voll entspricht. So läuft er Gefahr, sie auch nach seiner Entlassung beizubehalten, was in der Außenwelt natürlich zu Integrationsschwierigkeiten führt, weil dort niemand auf ihn Rücksicht nimmt. Die so häufig geklagten Anpassungsschwierigkeiten trotz günstiger Arbeitsplatzbedingungen sind nicht selten hemmungslose Rechthaberei in diesem Kausalzusammenhang. Die Hypothese, das Problem sei im wesentlichen generationsbedingt und werde sich biologisch von selbst lösen, erscheint mir wenig stichhaltig, denn gerade bei jungen Beamten habe ich diese Reaktionen oft beobachtet, während die älteren mehr zur Resignation neigen.

15. Verhältnis zur Obrigkeit

Die Einstellung zu dem hierarchischen Gefüge der Justiz (Beamtenschaft, Anstaltsleiter, Generalstaatsanwalt, Minister, Petitions- beziehungsweise Rechtsausschuß) orientiert sich weitgehend an Kindheitserlebnissen. Sie ist daher viel differenzierter, als vielfach angenommen wird, und generell nicht so leicht durch eine Änderung des Systems zu beeinflussen.

Jüngere Männer, die unehelich geboren wurden, für welche der Vater lediglich als zur Alimentation verpflichteter Erzeuger in Erscheinung getreten ist, haben dem Vaterbild gegenüber eine zwiespältige Einstellung. Einmal sind sie daran gewöhnt und seitens einer verbitterten Mutter oft sogar dazu erzogen, in dem Vater einen Mann zu sehen, der zwar genötigt werden kann und muß, zum Unterhalt beizutragen, der sich aber tunlichst davor zu drücken versucht und seine Aufgabe nur zurückhaltend versieht.

Zum anderen aber bedeutet ihnen, wie bereits erwähnt, der Vater eine Art Statussymbol, weil sie ihn nicht vorweisen können! Immer wieder betonen sie vorwurfsvoll, wieviel leichter ihr bisheriges Leben gewesen wäre, wenn sie einen Vater gehabt hätten, daß sie dann wohl nie straffällig geworden wären.

Schließlich gibt es nicht wenig junge Männer, die in ihrer Jugend von der Mutter angehalten wurden, bei gelegentlichen Besuchen dem Vater zu schmeicheln, um über die Alimente hinausgehende Zuwendungen zu erlangen.

Wenn man nun voraussetzt, daß gerade für den entwurzelten jungen Gefangenen der jeweilige Anstaltsleiter eine Art »Ersatz-Vater« darstellt, jedenfalls so bewertet wird (wenn man es auch nie offen zugeben wird), so ergibt sich fast zwangsläufig das Verhalten diesem gegenüber. Ist er unnahbar und vermeidet jeden über das unbedingt erforderliche

Maß hinausgehenden Kontakt mit seinen »Schutzbefohlenen«, wenn er Vergünstigungen nur zurückhaltend gewährt, wie es die Dienst- und Vollzugsordnung vorschreibt, so identifiziert er sich selbst mit der Rolle des Erzeugers und wird mit der gleichen Inbrunst gehaßt wie jener. Macht er zu deutlich erkennbare Unterschiede in der Behandlung der Insassen, so bestärkt er die vermeintlich Benachteiligten in ihrer neidischen Voreingenommenheit gegenüber den legitimen Halbgeschwistern und wird ebenso gehaßt. Ist er empfänglich für Schmeichelei, wird er ausgenutzt und oft genug verachtet.

Zeigt er sich aber von der menschlichen Seite, so nähert er sich dem Vaterbild der Phantasie und wird zu einem Manne, zu dem man mit all seinen Wünschen kommen kann, der stets für seine Kinder dazusein hat, dem man aber für diese Selbstverständlichkeit keinen Dank schuldet. Er wird zu dem begehrten Statussymbol, man kann endlich mit ihm »angeben«, und sei es auch nur mit dem Rückhalt, den man bei ihm erwarten darf (»Das werd' ich meinem Vater sagen!«, analog dazu: »Wenn ich nicht darf, dann geh' ich zum Chef!«).

Gefangene, die aus gestörten Familienverhältnissen kommen, bei denen die legitimen Eltern geschieden sind oder getrennt leben, haben meist schon frühzeitig erkannt, welche Vorteile sich daraus ergeben, wenn sie einen Elternteil gegen den anderen ausspielen. Es ist das eine fast instinktive Spekulation auf die Eitelkeit der Erwachsenen, die meist Erfolg verspricht, wenn man mehr oder weniger diskret darauf hinweist, wie wenig Verständnis man doch bei der anderen Seite findet, wie geborgen man sich hier fühlt.

Solche jungen Leute werden auch in einer Anstalt schnell ihre Chance wittern, wenn sie meinen, gewisse Disharmonien zwischen dem Vorstand (Vater) und dem Beamten (Feldwebel = »Mutter der Kompanie«) herausgefunden zu haben. Sie werden alsbald versuchen, vor dem Beamten über den Chef »herzuziehen«, wenn sie annehmen können, jenem damit eine Genugtuung zu vermitteln, und andererseits nicht zögern, den gleichen Beamten ein wenig vor dem Chef zu verleumden in der Annahme, dieser werde sich geschmeichelt fühlen durch den »Vertrauensbeweis«. Wenn beide »Elternteile« ohne Wissen des anderen derart bearbeitet werden, geben sie sich in der Regel aufgeschlossener, und damit hat der Gefangene sein Ziel erreicht: Vorteile für sich selbst.

Das gleiche Zersetzungsprinzip wird natürlich auch auf der »höheren Ebene« versucht und zwar bei dem Verhältnis: Anstaltsleitung – Aufsichtsbehörde. Letztere wird in der Rolle einer nahen und dennoch nur gelegentlich in Erscheinung tretenden Verwandten begriffen, der man seine Kümmernisse vortragen kann, die meist viel weniger streng ist als die Eltern. Man erwartet sogar von ihr, daß sie in geeigneter Form die »Eltern« darauf aufmerksam macht, wie man es besser machen könnte, wobei man auch hier einkalkuliert, daß die »liebe Tante« meist mit den Interieurs nicht so vertraut ist, man sie daher, zunächst wenigstens, leichter günstig beeinflussen kann.

Insassen, die aus intakten Elternhäusern kommen, nehmen gegenüber der Verwaltung eine ganz andere Haltung ein. Da die Bindungen an das Zuhause meist noch vorhanden und belastbar sind, sehen sie sich nicht veranlaßt, auf Substitute auszuweichen: Für sie wird der Anstaltsleiter die Rolle eines Erziehers (Lehrers) übernehmen. Engherzige Härte wird identifiziert mit dem verknöcherten »Pauker«, vor dem man sich ducken muß, um ihn trotz seines stets wachen Mißtrauens leichter bemogeln zu können. Erweisen sich die Beamten als liberal, so werden sie gern »überfahren«. Man verhält sich herablassend arrogant den einzelnen (Lehrern) gegenüber, begegnet aber dem Anstaltsleiter höflich und zuvorkommend, verkehrt gewissermaßen mit ihm wie die Eltern mit dem Schuldirektor.

Ältere Insassen wiederum identifizieren die Verwaltung mit dem Staat an sich, der sich eine pädagogische Vaterrolle anmaßt, die einem selbst zukommt, wenn man ein Vater ist. So bleibt es nicht aus, daß man die in der Anstalt praktizierten Erziehungsmethoden kritisiert und genau weiß, wie man es besser machen würde.

Abgesehen von diesen alters- und herkunftsbedingten Verhaltensweisen gibt es weitverbreitet noch andere, die wenigstens rudimentär auch in diesen Gruppen vorkommen und nur in dem angestrebten oder erreichten Effekt die Gemeinsamkeit zeigen. Meist sind das Praktiken, welche erfahrene »Knastologen« ausprobiert haben und dem Neuling empfehlen, Methoden, die zwar primitiv und dennoch nicht selten wirksam sind. Man müsse immer »schreiben«, ständig »etwas am Laufen haben«, so wird einem geraten. Man hat nämlich längst herausgefunden, daß man durch permanent eingereichte Beschwerden der Verwaltung ungemein lästig werden kann und diese schließlich nachgibt, um endlich Ruhe zu haben. Man hat weiter entdeckt, daß die dienstliche Beurteilung eines Beamten negativ beeinflußt werden kann, wenn man durch stete Beschwerden aktenkundig macht, daß er »mit den Leuten nicht fertig werden kann«. Diese Vielschreiberei kann recht exzessiv betrieben werden: In einem mir bekannten Fall hat ein einziger Gefangener im Laufe von knapp zwei Jahren zweihundertundfünfzig Beschwerden angebracht, ein Jubiläum, welches er mir voll Stolz kundtat.

Das System mag geändert werden oder auch die Struktur einer Strafanstalt, immer wird die Beamtenschaft zwischen dem Insassen und seiner Freiheit stehen, eine Art lebende Mauer darstellen, die man vergeblich zu überwinden trachtet. Nur selten wird die Einsicht überwiegen, daß die Beamten nur ausführende Organe sind. Viel häufiger sind wütender, weil ohnmächtiger Haß oder Resignation. Es wurde bereits mehrfach darauf hingewiesen, daß der Haß das eigentliche Bindemittel einer Häftlingsgemeinschaft darstellt, der Haß gegenüber der Gewahrsamsmacht, weil diese sich als stärker erweist. Mag die Repression des an sich natürlichen Freiheitsdranges brutal oder liberal erfolgen, sui generis bleibt sie bestehen. Gibt sich die Macht engherzig bürokratisch, so erzeugt sie das eindeutige Freund-Feindverhältnis, verhält sie sich human und wirbt damit um Vertrauen, wird sie oft genug Mißtrauen oder gar Vertrauensbrüche ernten, weil einmal jedes Entgegenkommen des »Feindes« verdächtig ist und zum anderen diesem gegenüber alles erlaubt ist.

Auf einem Diskussionsabend kam die Sprache auf die spektakuläre Flucht eines Mitgefangenen, der unter einer ganz infamen Täuschung des ihm voll vertrauenden Beamten entwichen war. Eine von mir angeregte Abstimmung ergab das bemerkenswerte Ergebnis, daß bis auf mich selbst keiner der Teilnehmer Anstoß an dem groben Vertrauensmißbrauch nahm, man fast vorwurfsvoll darauf verwies, der Getäuschte sei doch »nur ein Beamter«.

Ähnliche Beobachtungen bis in die jüngste Zeit hinein bestätigen immer wieder diese Grundhaltung.

Ein Gefangener, der gelegentlich zu einem der leitenden Beamten wegen einiger kleiner Reparaturen in die Wohnung kam, brachte das kleine Töchterchen der Familie dazu, ihm aus einem nahegelegenen Laden eine Flasche Schnaps zu holen, zu welchem Zweck er ihm eine (verbotene) Banknote in die Hand gab. Da das Kind es später arglos ausplauderte, wurde die Geschichte ruchbar und zu einer Sensation in der Eintönigkeit des Gefangenendaseins. Hier ergab eine Umfrage, daß der Vertrauensmißbrauch gegenüber dem allseits beliebten Beamten keineswegs verwerflich sei, wohl aber der Mißbrauch der Arglosigkeit eines Kindes.

Jeder Mensch wird horizontal ganz anders bewertet als vertikal, Dankbarkeit ist immer nur auf gleicher Ebene echt, dem Höheren, Reicheren gegenüber ist sie nur selten frei von Heuchelei und Neid.

Weit nachhaltiger, als man annimmt, werden Verhaltensweisen im Gefängnis beeinflußt durch exogene Impulse der Obrigkeit, soweit diese mit der Bearbeitung von Gesuchen befaßt ist. Von berufener Seite wird dazu immer wieder erklärt, es sei ganz abwegig, etwa anzunehmen, derartige Gesuche würden leichtfertig, gewissermaßen mit linker Hand erledigt, die Entscheidung sei im Gegenteil fast immer das Ergebnis eingehender Überlegung und Beratung.

Das wird gar nicht bestritten, sondern sogar seitens der Gefangenen als selbstverständlich vorausgesetzt. Es ist weniger die Entscheidung an sich, welche den Betroffenen oft irritiert, als die manchmal seltsame Begründung, die zwar die Meinung der ablehnenden Behörde erhärtet und dennoch nicht überzeugend wirkt.

Aus der Sicht des Betroffenen stellt sich das Problem so: Der Staat hat mich durch seine Justiz verurteilen lassen und dieser die Berechtigung zuerkannt, mir befristet die Freiheit vorzuenthalten in der Annahme, daß ich daraus positive Erkenntnisse gewinne. Wenn ich selbst meine, nach Verbüßung eines wesentlichen Teiles meiner Strafe dieses Ziel erreicht zu haben, mache ich darauf aufmerksam in Form eines Gesuches. Wird dieses abgelehnt, so habe ich einen Anspruch auf eine Begründung, die mich überzeugt, weil ich daraus ja neue Konsequenzen ziehen soll. Ist die Begründung nicht überzeugend, muß ich Willkür annehmen und begreife mich fortan als Opfer.

Wenn eine solche Begründung in der späteren Entwicklung ad absurdum geführt wird, festigt sich der Eindruck der oben erwähnten Leichtfertigkeit, die jedes persönliche Streben nach »moralischer Aufrüstung« neutralisiert.

Ein Gastwirt, anderthalb Jahre Gefängnis wegen Unfalls mit Todesfolge, Trunkenheit am Steuer. Ablehnung seines Gesuchs nach Verbüßung von einem Jahr, mit der Begründung: ». . . mit Rücksicht auf die Öffentlichkeit«. Vier Wochen später: bedingte Entlassung ohne ein neues Gesuch.

Frage des Betroffenen: Hat sich die Öffentlichkeit in einem Monat beruhigt?

Bankräuber, sechs Jahre Zuchthaus. Nach Verbüßung von vier Jahren Ablehnung seines Gesuchs: »... weil der Verurteilte schon einmal während der Bewährungsfrist erneut straffällig wurde«.

Inhaltlich richtig, doch liegt das angeführte Versagen bereits neun Jahre zurück (Jugendstrafe). Frage: Wie soll man beweisen, daß man sich gebessert hat, vernünftiger wurde?

Bankräuber, sechs Jahre Zuchthaus. Ablehnung seines Gesuchs nach Verbüßen von vier Jahren und sechs Monaten mit der Begründung, die Strafe müsse aus abschreckenden Gründen gerade bei ihm als Erstbestraften restlos vollstreckt werden.

Zwei Monate später erfolgt ohne neues Gesuch die bedingte Entlassung.

Frage: Ist inzwischen die abschreckende Wirkung eingetreten?

Alter Mann (72), lebenslänglich wegen Mord. Sein Gesuch wird von der Staatsanwaltschaft abgelehnt mit der Begründung, man sehe sich nicht in der Lage, es an den Herrn Ministerpräsidenten weiterzuleiten.

Frage: Wie kann der Ministerpräsident eine Entscheidung fällen, wenn ihm das Gesuch gar nicht vorliegt?

Ein Homosexueller bekommt die Ablehnung mit der Begründung, das Strafziel sei noch nicht erreicht.

Frage: Worin besteht in diesem Falle das Strafziel?

Fast nie habe ich es erlebt, daß sich ein Gefangener erregte über eine Ablehnung, wenn sie überzeugend abgefaßt war. Er ist sich in der Regel bewußt, daß er keinen Anspruch auf Gnade hat.

Andererseits werden Begründungen, wie zitiert aus einer Vielzahl von Fällen, noch Monate später haßerfüllt kolportiert. Die Zahl der daraus herrührenden regressiven Reaktionen nach der Entlassung ist nicht abzuschätzen, weil die Kausalität nur selten erkennbar wird. Der Verwaltung sind solche Fragen längst bekannt, doch sind für sie aus naheliegenden Gründen nur die erhöhte Fluchtgefahr und die Möglichkeit eines Suizides relevant. Die an sich plausible Erklärung, es handele sich dabei keineswegs um gedankenlose Oberflächlichkeit, sondern einfach um Arbeitsüberlastung der betreffenden Behörde, wird fast nie akzeptiert, weil die Diskrepanz der Bewertung zu schmerzhaft deutlich ist: hier Schicksal, dort Routine.

Auch in diesem Zusammenhang sei nochmals auf die Vorstellung verwiesen, die der Gefangene vom Staat hat: nicht nur ein Kind hat ein Anrecht darauf, ernst genommen, als Individuum gewertet zu werden.

16. Lehrgänge und Fortbildung

Seit man begonnen hat, die Resozialisierung der Strafgefangenen als Zielprojektion näher zu bestimmen, sind diese Komplexe mehr in den Vordergrund gerückt, nachdem sie jahrzehntelang zu dem Sammelbegriff der »bei guter Führung nur zögernd zu gewährenden Vergünstigungen« gehörten. Diesen Wandel im Verlauf des Systemwechsels hat Harbordt wirklichkeitsnah dargestellt (S. 44/45 und 78/79). Die dabei möglichen beziehungsweise sich bereits abzeichnenden Zielkonflikte werden erst durch die praktische Erprobung deutlich. So hat Harbordt mit Recht darauf hingewiesen, daß die aktive Teilnahme an Lehrgängen und Gruppenarbeit keineswegs gleichzusetzen ist mit einem potentiellen Resozialisierungseffekt, wie die bemerkenswert hohe Rückfallquote gerade unter solchen Insassen ausweist. Er führt das darauf zurück, daß ein erheblicher Teil der Männer weniger an dem zu erwerbenden Wissen interessiert ist als an der Möglichkeit einer ungestörten Kommunikation sowie des Tauschhandels. In konservativ geführten Anstalten mit ihrer immer noch strengen Separation trifft das sicherlich auch heute noch zu, der gleiche Anreiz entfällt jedoch in dem human aufgelockerten Vollzug. Es müssen demnach andere Gründe sein, die bestimmend sind für den geringen Erfolg. Ich meine, sie sind hauptsächlich persönlichkeitsimmanent.

Bei den in den beiden mir bekannten Anstalten durchgeführten Lehrgängen (Unterrichtszyklen) bleiben erfahrungsgemäß fast dreiviertel aller Teilnehmer allmählich weg, so daß nur etwa 25% bis zum vorgesehenen Abschluß durchhalten. Von diesen erreicht wiederum nur knapp die Hälfte das gesteckte Ausbildungsziel. Eine statistisch nachweisbare Teilnehmerquote ist demnach nicht identisch mit Lernwillen und echtem Fleiß und läßt keine Schlüsse zu auf einen prozentualen Besserungswillen der Gesamtheit aller Insassen.

Viel eher könnte man aus dieser Beobachtung folgern, daß die Anmeldung zu solchen Lehrgängen und der dadurch transparent gemachte Mangel an Bildung nur eine Art Schutzbehauptung darstellt, weil nämlich der Wille dazu schon immer gefehlt hat trotz weit besserer Bildungsmöglichkeiten in der Außenwelt (Mangel an Bildung = Voraussetzung für Kriminalität, Bildungswille = Besserungswille). Am deutlichsten wird das bei den »Berufs-Analphabeten«, die sich seit Jahren immer wieder zu Grundschulklassen melden, ohne je mehr zu lernen als ihre Unterschrift.

Viele junge Leute werden straffällig, weil sie mit möglichst geringem Leistungsaufwand einen möglichst hohen und vor allem schnellen Gewinn erzielen wollen. Durch die Teilnahme an einem der Lehrgänge winkt ein gültiges Zeugnis, welches man sich gewissermaßen nebenbei verschaffen kann. Sobald man herausfindet, daß auch das nur unter Mühe und Zeitaufwand erreicht werden kann, erscheint der Einsatz viel zu hoch, erlahmt der Eifer schnell. Eine solche Einstellung ist allerdings abhängig vom Lebensalter, man findet sie vornehmlich bei jungen Männern, während sich die Älteren zwar schwerer entschließen, dafür aber beharrlicher sind.

Dieses Problem müßte näher erforscht werden unter Berücksichtigung der individuellen Anamnese und einer möglicherweise vorhandenen Legasthenie. Denkbar wäre auch, daß es sich um ein Akzelerationsproblem handelt.

Noch aufschlußreicher ist eine Analyse der Fernlehrgänge, die sich steigender Beliebtheit erfreuen, denn hier ist der verheißene Effekt in lockenden Prospekten übersichtlich und vor allem als leicht erreichbar dargestellt. Aber auch hierbei sollte man sich davor hüten, die Gesamtzahl der auf diese Weise erlangten Abschlußzeugnisse wertmäßig zu hoch zu veranschlagen. Abgesehen davon, daß längst nicht alle zu besonders günstigen Bedingungen offerierten Fernkurse auf einem fachlich vertretbaren Niveau stehen und entsprechend niedrige Anforderungen stellen, werden auch diese oft nur zum Schein erfüllt.

Da in der Regel eine mündliche Prüfung nicht vorgesehen ist, muß die Begutachtung seitens der Lehrinstitute durch Auswertung der eingereichten schriftlichen Arbeiten erfolgen. Diese werden aber nicht in Klausur geschrieben, man läßt sie nicht selten von versierten Mitgefangenen erstellen und reicht sie lediglich ein. Ich kenne mehrere ältere Insassen mit entsprechender Vorbildung, die nicht schlecht davon leben, indem sie solche Aufgaben gegen Entgelt lösen, so daß der Teilnehmer das Elaborat nur abzuschreiben braucht. Geistig profitiert er davon natürlich nicht, denn der Helfer hat lediglich die Vorlage zu liefern. Eine Art Nachhilfeunterricht seitens eines Mentors oder Repetitors ist nicht vorgesehen und wird gar nicht einmal gewünscht.

Ich selbst war noch keine zwei Wochen in Haft, da machte man mir bereits solch verlockende Angebote. Als ich nicht darauf einging, fand man andere willigere Lieferanten. Einige der jungen Leute konnte ich dann über die Jahre hinweg beobachten: Sie hatten mittlerweile Fremdsprachenkurse für »Fortgeschrittene« mit »Erfolg« absolviert und waren dennoch außerstande, auch nur einen einfachen Brief zu übersetzen, kamen dieserhalb dann erneut zu mir.

Nicht gerade selten wird die Teilnahme an einem Fernlehrgang als Statussymbol gewertet, mit dem man Mitgefangene und vielleicht auch Beamte beeindrucken kann, wenn man das als Begründung für spezifische Wünsche anführt. So verlangt man beispielsweise eine der begehrten Einzelzellen, um »ungestört arbeiten« zu können, oder einen großen »Zeichentisch« (der stille Helfer begnügt sich mit einem der üblichen Tischchen). Man beantragt ein Tonbandgerät, um lehrhafte Rundfunksendungen konservieren und wiederholen zu können und – speichert hauptsächlich Beatmusik; man kann sich Zirkelkästen, wertvolle Lehrbücher und dergleichen von der ob des erwachten Lerneifers begeisterten Familie schicken lassen und veräußert diese Stücke dann weit unter

Preis gegen Genußmittel. Da die Teilnahme an einem Fernlehrgang seitens der Anstalt genehmigungspflichtig ist, wäre es naheliegend, sie vom Ergebnis eines Intelligenztestes abhängig zu machen. Ich kenne Hilfsschüler, die sich an solchen Fernkursen beteiligten mit vorhersehbarem Ergebnis.

Wesentlich bessere Resultate werden erzielt durch eine regelrechte Lehrlingsausbildung, die von Berufsschullehrern geleitet und im Ablauf überwacht wird. In den Unterrichtsstunden muß das Erlernte mündlich unter Beweis gestellt werden, was eine tatsächliche Vorbereitung voraussetzt. Zwar reduziert sich die Zahl der anfänglich gemeldeten Teilnehmer meist auf die Hälfte, doch erfolgt das bereits in den ersten Wochen, stellt also eine Art positiver Auslese dar und sichert ein etwa gleiches Bildungsniveau der Klasse.

Wenig Erfolg versprechend sind Kurse, die von Gefangenen für andere Insassen durchgeführt werden. Kenntnis der Materie allein genügt nicht, ohne von außen her induzierte Autorität (Lehrer) ist wegen der stets wachen Nivellierungstendenz nur ganz selten eine Führung und Anleitung möglich, ganz abgesehen davon, daß seitens des Ausbilders meist jegliche Kenntnis von Didaktik und Pädagogik fehlt. Solche Kurse versanden gewöhnlich schnell in einem gemütlichen Beisammensein.

Es ist leider eine Wunschvorstellung, wenn man generell voraussetzt, der Mensch werde allein durch die Abgeschiedenheit der Haft einsichtig und nutze jede Gelegenheit, die Lücken seiner Bildung aufzufüllen. Der Einfluß des Milieus bringt es mit sich, daß man sich zunächst einmal mit einer der zahlreichen Rollen zu identifizieren hat, um sich überhaupt zu behaupten. Ist das erst einmal gelungen, versackt man meist schnell in träger Gewohnheit, ist die Notwendigkeit des Lernens nicht mehr zu zwingend. Das eintönige Einerlei des Tagesablaufs begünstigt diese Entwicklung, vor allem aber fehlt jeder vergleichende Anreiz, jedes berufliche Stimulans: Alle Gefangenen sind gleichwertig, Bildung kommt nur selten zur Geltung und damit verbundenen Vorteilen. Lernen als Freizeitgestaltung setzt Wissensdrang und Beharrlichkeit voraus. Je materieller eine Umwelt eingestellt ist, desto mehr sind beide abhängig von einem wirtschaftlichen Anreiz, der Möglichkeit des verbesserten beruflichen Fortkommens.

Der Prozeß allmählicher geistiger Erschlaffung wird besonders deutlich, wenn man die Entwicklung der Nachfrage nach Lesestoff verfolgt. Das traditionelle System sah vor, dem Gefangenen wöchentlich zwei Bücher zuzuteilen, erst nach geraumer Zeit konnte er erwarten, daß spezifische Wünsche erfüllt wurden. Die Anstaltsbüchereien waren sorgsam »entgiftet«, um immerhin denkbare sexuelle Lustgewinne auszuschließen. Da die Bücher meist ziemlich wahllos zugeteilt wurden, war ihr Zustand entsprechend, weil kaum jemand sie pfleglich behandelte. Im liberalisierten Vollzug wurden nicht nur die Bestände der Bücherei beträchtlich aufgestockt, sondern auch als sogenannte Freihandbücherei umorganisiert. Nun können die Insassen in regelmäßigen Abständen zur Bücherei gehen und selbst auswählen.

Bei dem traditionellen Vollzug war der Umlauf der Bücher statistisch eindrucksvoll, denn er betrug fast genau die doppelte Anzahl der Insassen. Mit Einführung der Freihandbücherei reduzierte sich diese Zahl beträchtlich, weil nun nur noch interessierte Leser erfaßt wurden, keine Lesestoffempfänger. Man kann davon ausgehen, daß etwa 40–45% aller Insassen an Büchern interessiert sind und daß diese regelmäßig zum Büchertausch gehen. Dieser Wert deckt sich fast genau mit dem von Hoppensack (S. 115ff.) ermittelten, obgleich dessen Arbeit dem hiesigen Büchereikalfaktor nicht bekannt war, als er mir seine Durchschnittszahl angab. Die weiter von Hoppensack angeführten 94% seiner Probanden, die in der Anstalt »gern« lesen, sind mit Vorbehalt aufzunehmen, denn das Lesen eines Buches ist nicht gleichzusetzen mit dem gelangweilten Herumblättern in demselben, was viele Insassen aber als »lesen« bezeichnen. Ein derart hoher Prozentsatz von Lesewilligen ist in einer Gemeinschaft, von der fast die Hälfte keinen gültigen Volksschulabschluß vorweisen kann, unwahrscheinlich. Viel weiter verbreitet, als man angenommen hat, ist die Legasthenie, die zu schneller Ermüdung beim Lesen und damit Nachlassen des Interesses führt.

Seit in Celle nahezu alle Insassen die Möglichkeit haben, in regelmäßigen Abständen und als Belohnung für unbezahlte Handlangerdienste noch zusätzlich am Fernsehen teilzunehmen, sank die Anzahl der Gefangenen, die noch regelmäßig zum Büchertausch gehen, auf rund 18–20% der Gesamtbelegschaft. Die audio-visuelle Aufnahme einer Handlung stellt ein gleichwertiges Äquivalent zur Legasthenie dar, führt aber mit der Zeit zu rein rezeptiver, geistiger Trägheit, was sich, wie bereits erwähnt, negativ auf den Fortbildungseifer auswirkt.

17. Gruppenbildung und Gruppenarbeit

Eine neue Form der Freizeitgestaltung stellen die zahlreichen Gruppen dar, die sich heutzutage in fast allen Anstalten unter Duldung und meist auch wohlwollender Förderung der jeweiligen Leitung gebildet haben. Soweit sie spezifisch ausgerichtet sind wie auf Sport, Basteln, Schach, Musik, Briefmarken etc. sind die Ergebnisse bemerkenswert gut und schaffen mit der Zeit sogar das, was es im Gefängnis sonst nicht gibt: ein Gemeinschaftsbewußtsein (nicht gleichzusetzen mit den zeitlich begrenzten Solidaritätseffekten).

Durch die Bildung sogenannter Diskussionsgruppen verfolgen manche Anstalten das Ziel, eine Art Sicherheitsventil zu schaffen, wo der Gefangene seine Beschwerden artikulieren kann, um die unerträglich gewordene Spannung zu lösen, und nicht mehr allein angewiesen ist auf den Beschwerdebrief. Um derartige Zusammenkünfte nun nicht in reine »Mecker-Ecken« ausarten zu lassen, hat man vielfach Beamte als Gruppenleiter eingesetzt, die sich mit unterschiedlichem Eifer dieser zusätzlichen Aufgabe widmen. Man findet unter ihnen Männer, die sich selbst dabei nur als Aufsicht begreifen, und andere, die mit großartigem Idealismus kommen und es durch ihr kameradschaftliches Verhalten schnell zuwege bringen, aus einer Anzahl eine Einheit zu formen.

Der eigentliche Zielkonflikt entsteht dadurch, daß ein »Sicherheitsventil« seine Aufgabe nur erfüllen kann, wenn man über anstaltsinterne Dinge spricht, das aber tunlichst vermeiden muß, weil es sonst zu einem Kritisieren um der aggressiven Kritik willen kommt. Spannungen äußern sich emotional, ihre Lösung ist ebenso gefühlsbedingt, eine konstruktive Mitarbeit im Sinne einer Mitverantwortung ist davon nicht zu erwarten. Etwaige Verbesserungsvorschläge sind außerdem individuell gefärbt, weil Verantwortung ja Gemeinschaftsbewußtsein voraussetzt.

Die einzelnen Teilnehmer einer solchen Diskussionsgruppe verhalten sich sehr unterschiedlich, man darf sich von einem oberflächlich optischen und akustischen Eindruck nicht täuschen lassen. Es gibt gerade im Gefängnis viele Männer, die sich gern produzieren und ein derartiges Forum eigensüchtig dazu mißbrauchen, und auch andere, die zwar regelmäßig die Zusammenkünfte besuchen, ohne je mehr zustandezubringen als ein verlegenes Lächeln. Es sind das die rezeptiven Typen, die zum Gelingen fast gar nichts beitragen und dennoch meist den größten Nutzeffekt davontragen, weil sie das Gehörte zunächst nur aufnehmen und später auf der Zelle geruhsam verarbeiten. Ich kenne eine ganze Anzahl junger Leute, die mir noch Monate später meine eigenen Worte wiederholen konnten, weil sie diese noch in der Nacht nach dem Referat notiert hatten, und auch heute noch (nach Jahren) bekomme ich Post unter Bezugnahme auf jene Gruppenabende.

Daraus ergibt sich, daß der Erfolg einer solchen Gruppenbildung fast ausschließlich abhängig ist von der Auswahl geeigneter Sprecher und Referenten. Wegen des allgemein unzureichenden Bildungsniveaus kann man sie meist nicht in dem Kreis der Teilnehmer finden, denn wenn man das Wort einem extrovertierten Schaumschläger erteilt, so gefällt sich dieser in Floskeln, von denen außer ihm selbst niemand etwas hat, oder man läßt den rezeptiven Schweiger einmal zu Wort kommen und muß ein hilfloses Gestammel hören. Berücksichtigen muß man schließlich auch die fast eifersüchtige Tendenz zur Nivellierung bei nahezu allen Insassen, die stets allergisch reagieren, wenn sie wähnen, einer »dünke sich mehr als seine Brüder«, deren Diskussionsbeitrag nach einem Referat sich auf destruktive Kritik beschränkt.

Anders ist der Effekt, wenn man hin und wieder Referenten von außerhalb gewinnen kann, denn diese sind in ihrem Wissen fundiert und bringen das Charisma mit, den vermeintlich deklassierten Gefangenen als gleichwertig zu behandeln, indem sie zu ihm kommen, mit ihm reden wie mit ihresgleichen. Hinderlich ist zunächst nicht selten eine gewisse Befangenheit der Gäste, die mitunter falsche Vorstellungen von Strafgefangenen mitbringen.

Zweifelhaft erscheint es, ob solche Diskussionsgruppen jemals von der Masse der übrigen Insassen als repräsentativ und damit als potentielle neue Führerschicht anerkannt werden. Die Mehrzahl aller Gefangenen lehnt nämlich die Mitglieder der Gruppen fast stets ab, weil sie ihnen die tatsächlichen oder vermeintlichen Vorteile und Privilegien neidet. Eine an sich fruchtbare Zusammenarbeit mit Außenstehenden, die für das System des Vollzugs von erheblicher Bedeutung sein kann und teilweise intensive geistige Vorarbeit voraussetzt, wird immer unterbewertet, weil die Unsicherheit des ungelernten Handarbeiters gegenüber dem geistig Schaffenden sich regelmäßig als Verachtung äußert. Führerrollen aus diesem Kreis beschränken sich auf den inneren Bereich der Gruppe, nach außen werden sie fast nie wirksam.

Das gilt auch dann, wenn eine solche Gruppe mit der Herausgabe einer Häftlingszeitung befaßt ist und somit über verstärkte Einflußmöglichkeiten gegenüber den anderen verfügt. All diesen Publikationen ist gemeinsam, daß sie zweierlei Aufgaben versehen sollen. Einmal müssen einer mangelhaft informierten Außenwelt ein möglichst wahrheitsgetreues Bild von dem Dasein hinter den Gittern vermittelt, Vorurteile abgebaut, also Zustände und Begebenheiten reflektiert werden. Gleichzeitig soll so ein Blatt progressiv und auch etwas aggressiv sein nach dem Willen der Insassen, die sich dadurch ja repräsentiert wissen wollen. Diese beiden Generallinien kollidieren sehr oft. Dem Gefangenen bedeutet die Wiedergabe einer vielleicht schon Monate zurückliegenden Veranstaltung, die Beschreibung einer Ausstellung von Häftlingsarbeiten, welche er selbst besucht hat, nichts mehr. Er wähnt seine eigene Meinung durch »seine« Zeitung nur ungenügend vertreten zu sehen, sie ist ihm zu »zahm«. Vorwiegend aggressive Tendenzen entsprechen zwar dem

Mehrheitswillen, doch stoßen sie eine Öffentlichkeit ab, die ohnehin einer Liberalisierung des Vollzuges skeptisch gegenübersteht. Redaktionsmitglieder, welche die erste Richtung vertreten, genießen zwar das Wohlwollen der Verwaltung, doch macht gerade das sie suspekt für die übrigen Insassen. Die »Progressiven« wiederum werden alsbald der Verwaltung verdächtig und unbequem, und diese wird bestrebt sein, ihren etwaigen Einfluß einzudämmen. Widmet sich aber eine Zeitung hauptsächlich der Gruppenarbeit, um der Umwelt einen plastischen Eindruck von dem Besserungswillen der Gefangenen zu vermitteln, so wird das von den übrigen Insassen als Eigenlob abqualifiziert.

Auch das personelle Gefüge solcher Resozialisierungsgruppen erscheint nicht geeignet, sie als potentielle Führungskräfte anzusehen. Gerade junge Männer ohne fundiertes Wissen und Können fühlen sich oft ermuntert, sich in derartigen Gemeinschaften zu bestätigen, weil sie da zu Wort kommen, »mitreden« können ohne Mitsprache im Sinne eigener Verantwortlichkeit. Dabei orientieren sie sich gern nach der derzeit in der Außenwelt gängigen antiautoritären Verhaltensweise und praktizieren diese alsbald in der verzerrten Form einer aggressiven Überheblichkeit gegenüber den Beamten, deren vielfach noch konservative Einstellung dadurch natürlich bestätigt und fixiert wird. Gedacht als konstruktives Element, wirken diese Gruppen somit oft destruktiv. Negative Leitbilder sind sie aber deshalb nicht, denn der Durchschnittsgefangene läßt sich nicht führen von Leuten, die seiner Ansicht nach genau so »dumm« sind wie er, außerdem wirkt die meist zusätzlich gezeigte Arroganz abstoßend.

Eine Form der Gruppenarbeit ist meines Wissens hierzulande noch nicht experimentell praktiziert worden, obgleich man damit in den USA angeblich gute Erfahrungen gemacht hat: das rückhaltlose Schuldbekenntnis vor einer Gemeinschaft Gleichgesinnter und daran anschließend die allgemeine Aussprache zwecks Bewältigung des Schuldkomplexes.

Ein tatsächlicher Erfolg ist dabei aus meiner Sicht nur denkbar, wenn zunächst ein elitäres Bewußtsein innerhalb der Gruppe im Sinne einer Sekte geschaffen und das offene Bekenntnis der Schuld als eine Art Reinigung im Sinne der Taufe aufgefaßt wird. Die sich daraus unweigerlich ergebende psychische Nacktheit des einzelnen muß sich anschließend in den Mantel echter solidarischer Toleranz hüllen können. Ist diese Voraussetzung nicht gegeben, wird man Lippenbekenntnisse provozieren und eine etwa darauf folgende Vergebung zu einem reinen pseudokirchlichen Verwaltungsakt herabwürdigen.

18. Zusammenfassung

Es wurden Verhaltensweisen deutscher Strafgefangener untersucht, soweit sie bedingt sind durch den Entzug der persönlichen Freiheit und das System, nach dem der Vollzug praktiziert wird.

Trotz aller selbstkritischen Behutsamkeit sind subjektive Komponenten nicht ganz auszuschließen, es wäre daher ratsam, diese Analyse durch gleichgeartete Untersuchungen aus anderen deutschen Anstalten zu überprüfen und gegebenenfalls zu ergänzen.

Verhaltensweisen von Gefangenen sind nicht nur abhängig von Freiheitsentzug und System, sie werden auch beeinflußt von endogenen Voraussetzungen (Herkunft, Lebensalter, Tätergruppe und so weiter) sowie der baulichen Struktur einer Anstalt. Es besteht ein wesentlicher Unterschied des Milieus in einer großen Anstalt mit annähernd tausend Insassen und dem kleinen Gerichtsgefängnis mit etwa sechzig bis siebzig Haftplätzen, und es ist nicht dasselbe, ob man sich in einem festen Haus mit vorwiegend Einzelzellen aufhält oder in einem Barackenlager (Außenarbeitsstelle) mit seiner Gemeinschaftsunterbringung.

Schließlich ist der Vollzug trotz einer Gleichheit des Prinzips unterschiedlich und abhängig davon, ob sich der Anstaltsleiter persönlich mit der Liberalisierung identifiziert oder ob er sie nur widerstrebend »mitmacht«, sich in der Praxis aber darauf beschränkt, die Insassen nur zu verwalten.

Aus diesen Vorbehalten geht hervor, daß die vorliegende Studie nur repräsentativ sein kann für zwei Anstalten mit je 700 bis 1000 Insassen, die ich langjährig kenne.

Resozialisierung bedeutet Arbeit am Menschen. Sie kann nicht allein durch einen Wechsel des Vollzugssystems erreicht werden. So sinnvoll eine bessere Ausbildung des Personals auch sein mag, sie allein ist nicht entscheidend, denn eine derart verbesserte Qualifikation kann nur effizient werden, wenn der einzelne Beamte genügend Zeit behält, sich mit dem einzelnen Gefangenen zu befassen. Und gerade in dieser Hinsicht deutet sich ein neuer Zielkonflikt an.

Alle Neubauten von Strafanstalten werden konzipiert nach vornehmlich hygienischen und rationalisierenden Gesichtspunkten; man ist bestrebt, steigende Verwaltungskosten und Mangel an Nachwuchskräften aufzufangen durch technische Verbesserungen und eine dadurch ermöglichte Verminderung des Beamtenstabes. Das Ergebnis ist in der Regel ein Gebäudekomplex mit elektronisch und technisch perfekten Hilfsmitteln, welche die Stationsbeamten entlasten sollen, um ihnen auf diese Weise ohne Bedenken eine größere Anzahl von Häftlingen anvertrauen zu können.

Nun ist es aber, psychologisch gesehen, ein großer Unterschied, ob man, besonders während der Anfangszeit der Haft, seinen Beamten mehrmals am Tage zu sehen bekommt und auch einmal etwas anderes mit ihm besprechen kann als lediglich dienstliche Dinge, oder ob man mit ihm nur durch Mikrophon und Lautsprecher zu verkehren hat, sich auf das Notwendigste dabei beschränken muß. Je geringer der persönliche Kontakt ist, desto weniger wirksam wird eine verbesserte psychologisch-pädagogische Ausbildung der Beamten. Persönliche Autorität, nicht die von Rangabzeichen oder Dienstgrad vermittelte, kommt nicht zur Geltung, wenn man den Beamten nur blechern sprechen hört, ohne ihn dabei zu sehen. Das Fernsehauge kann kein Ersatz sein, es erfüllt allenfalls eine Kontrollfunktion.

Es mag paradox klingen, aber eine übertrieben sterile Atmosphäre beinhaltet vermehrte seelische Infektionsgefahr.